U0919182

易经简读

——邱清辉◎著——

宗教文化出版社

图书在版编目（CIP）数据

易经简读 / 邱清辉著 . -- 北京 : 宗教文化出版社 , 2024. 12

ISBN 978-7-5188-1609-5

Ⅰ . B221.5

中国国家版本馆 CIP 数据核字第 20240GL632 号

易经简读

邱清辉 著

出版发行： 宗教文化出版社

地　　址： 北京市西城区后海北沿 44 号 （100009）

电　　话： 64095215（发行部） 64095363（编辑部）

责任编辑： 杨登保

版式设计： 武俊东

印　　刷： 河北信瑞彩印刷有限公司

版本记录： 880 毫米 ×1230 毫米　32 开　9.5 印张　200 千字

2024 年 12 月第 1 版　2024 年 12 月第 1 次印刷

书　　号： ISBN 978-7-5188-1609-5

定　　价： 88.00 元

目 录

序

《易经》是一部在中国历史上绵延了三千多年的经典，魏晋时被尊为“三玄”之一，在中国古代社会具有十分重要的影响。《四库全书总目提要》曾对《易经》内容及其智慧做过概述：“易道广大，无所不包，旁及天文、地理、乐律、兵法、韵学、算术，以逮方外之炉火，皆可援易以为说。”

《易经》犹如一座智慧宝库，深深地影响着人民的生活，古往今来，人们没有间断过对《易经》的研究，各种注释和研究著作难以计数，大家都从不同的角度去汲取其中的智慧，可谓仁者见仁、智者见智。因为它的内容无所不包，而其中词句却晦涩难懂，又被一些人冠以“天书”之名。为了使古老的经典焕发出新的生命力，我们有必要在辨析旧说的基础上，进一步发掘其中的智慧和价值。北京白云观邱圆行道友潜心研经参玄，以弘扬传统文化为己任，在研读前人著作的基础上，结合自己的修道心得，著《易经简读》，这是道教界和学术界又一可喜成果。

通读全书，不难发现《易经简读》具有以下特点：

其一，简明清晰。该书对六十四卦的卦辞和爻辞以及相应的彖传和象传逐一进行了白话翻译和注释，并在每爻的翻译后面附上简单的按语进行义理解说，能让读者知其然又知其所以然。比如，本书解《乾》卦九三爻辞“君子终日乾乾，夕惕若，厉，无咎”，认为“有才德的君子白天勤奋不懈，夜里也提防危险，即便处境艰难，但终究没有灾难”；解释九四“或跃在渊，无咎”，认为“龙或腾跃而起，或停留在深渊，只要根据形势的需要而进退，就不会有咎害”；解释《乾》卦用九“见群龙无首，吉”，邱道友在“按语”中引《道德经》解《易》，认为六个阳爻聚而成乾，乾为天行，天道不争而善胜，生而不有、为而不恃、长而不宰，故用九说“见群龙无首，吉”，其《象》曰：“用九天德，不可为首也。”寥寥数语就把爻辞解释得清晰明了，使全卦的爻辞含义既连贯通畅，又简明易懂，还接近原文风格，不但符合《易赞》中“简易之法则”，而且有利于激发初学者的学《易》兴趣。

其二，以象解经，熔义理与象数于一炉。自《易传》提出“观其象而玩其辞”之后，讲象数者不离义理，叙义理者不废象数，“熔义理与象数于一炉”一直为易学界所倡导。邱道友谨遵前人的学《易》经验，尽力从卦象和爻象的分析中探索经文的本义，使每卦的卦辞和爻辞之间的内在联系更加明朗，爻辞的含义更加连贯通畅，有利学《易》者对经文的记忆和理解。比如，《屯》卦六三爻辞“即鹿无虞，惟入于林中，君子几不如舍，往吝”，作者在按语中提出，六三同时居下卦震之上爻与互体艮卦之下爻，震为动、为捕、为鹿，艮为山、为路、为猛禽，结合震与互体之艮，则六三有进山捕鹿之象；然六三阴柔居公侯之位，以阴居阳，为德不配位，同时乘承皆阴，又无应爻，环境非常不利，好在六三又处互体坤卦之中，坤为顺，故六三审时度势而舍弃。此种解易风格，有机地“熔义理与象数于一炉”，值得肯定。

其三，追古溯源。《易经》的晦涩难懂不仅因为取象复杂，字义诠释也是读《易》的一大难题。由于《易经》的成书时代久远，而人类的语言习惯和思维方式一直在发生变化，现今的我们已很难知道古人造字的最初本义。比如对《需》卦的解释。《周易正义》说：“需者，待也。物初蒙稚，待养而成，无信即不立，所待唯信也，故云需有孚。”《周易本义》说：“需，待也。以乾遇坎，乾健坎险，以刚遇险，而不遽进以陷于险，待之义也。”现今易学专家大都沿用了“等待”之义，高亨则将之解为“停驻”。这些注解都没逾越《说文》对“需”字的解释：“需，䇓也，遇雨不进，止䇓也。”邱道友从训诂学的角度探索《需》卦的本义，认为其卦象是“需”字的创造依据，其卦义是指为了风调雨顺而举行祭祀，而字义是指人遇雨被淋。他通过对卦象的辨析去探索古人造“需”字的最初本义，不失为文字训诂的尝试之举。

邱道友的《易经简读》虽属一家之言，却是这个时代道教徒研究《易经》的重要记录，我希望今后道教界不断有新的易学著作问世，谨此为序。

李光富

二〇二三年农历七月初一日

（作者系全国政协常委、中国道教协会会长、中国道教学院院长）

上　经

卦一　乾为天

乾，元、亨、利、贞[1]。

【译文】乾卦象征天，蕴含着万物的始生、亨通、利益、贞固的道理，为大吉大利之兆。

【注释】①元：为事物的本始、起点，是未动的阶段。亨：为事物的发展、变通，是剧烈变化的阶段。利：为展现、收获利益，是成熟的阶段。贞：为持守正固、继业守成，是终结阶段。上下卦皆为乾（☰），上乾中爻当位势强，下乾中爻失位势弱，下弱追赶上强，上强又不甘落后，二者奋斗不已，致使元亨利贞长盛不衰。

《彖》曰：**大哉乾元，万物资始，乃统天。云行雨施，品物流形**[1]。**大明终始**[2]**，六位时成，时乘六龙以御天。乾道变化，各正性命。保合大和，乃利贞。首出庶物**[3]**，万国咸宁**。

【译文】《彖传》说：伟大啊，乾卦的阳刚元气，是万物得以产生和演变的依靠，统领着天体的运行。上天行云施雨，万物受其滋育而显露形体。太阳上升下降、终而复始地运行。六条爻的位置依时而定，如同阳气乘驾着六条巨龙在空中有规律地飞行。乾道的运行变化，使万物按照各自的内在规律发展，履行自己的使命。保持元气的最佳状态，有利于强健正固、生生不息。乾道引领各种物类出现，效法乾道可使万国安宁顺昌。

【注释】①品：事物的种类与样式。流：流露，显露。②大明：天上最光明的事物，即太阳。③首：引领。庶：众多，各种。

《象》曰：**天行健，君子以自强不息**。

【译文】《象传》说：乾象显示，天体的运行刚强健壮，永不停息。君子观此卦象，从而以天为法，自强不息，永不懈怠。

初九：潜龙勿用。

《象》曰：**潜龙勿用，阳在下也**。

【译文】初九：潜藏的龙，暂时不宜施展才能。

《象传》说："潜龙勿用"，说明初九处位低下，犹如阳气初生。

【按语】初九虽然阳刚当位，但因地位卑微，被众爻压制，没有超群的本能，无法展示自己的才华，有想法也没有话语权，此时不能把自己当成龙，应该养精蓄锐，努力增强自己的实力，不能冒险急进。初九上承三个互乾卦，乾为天，"天"字的本义为人头顶上的天空，三个乾卦可代表天、地、水三类世界，初九处三乾之下，有潜龙之象。

九二：见龙在田①，利见大人。

《象》曰：**见龙在田，德普施也**。

【译文】九二：龙来到了田野上，有利于拜见贵人。

《象传》说："见龙在田"，说明阳气已离开深渊升到地面，可以开始谋取能够广泛施予德泽的社会地位。

【注释】①见：通“现”，出现。

【按语】九二阳居阴位，处下乾中爻，已经获得展示才能的平台，并且能力胜过职位，只是被众阳爻包围，无应无助，还不具备足够的本能去改变环境，犹如龙像马一样在田野里活动。只有九二把握时机，选择了正确的方向，才能展施出龙的腾空、御风本能。因为只有伯乐才会认识千里马，所以说利见大人。

九三：君子终日乾乾[1]，夕惕若，厉，无咎。

《象》曰：终日乾乾，反复道也。

【译文】九三：有才德的君子白天勤奋不懈，夜里也提防危险，虽然处境艰难，但终究没有灾难。

《象传》说：“终日乾乾”，说明君子昼夜勤勉不惰，是在努力展现自己的阳刚之气，争取与乾元相融合。

【注释】①乾：会意字，本义为冒出；“卓”部为日出时闪耀的光，乞部为草木屈曲生长的样子，合在一起表示日光使草木出土向上生长，慢慢健壮。乾乾：健之又健。

【按语】九三处下卦上爻，说明此时的龙已离开水和田，准备跃入上乾之体，如同准备步入社会独立生活的小伙子。因为上面九四和下面九二都不当位，都会给九三带来危险，所以九三必须日夜保持警惕。三爻为人爻之位，乾卦代表天、日，九三处三个互乾之体，故言君子终日乾乾。

九四：或跃在渊，无咎。

《象》曰：或跃在渊，进无咎也。

【译文】九四：龙或腾跃而起，或停留在深渊，只要根据形势的需要而前进，就不会有咎害。

《象传》说：“或跃在渊”，说明阳气的上升已进入新的阶段，犹如已会腾跃的龙，努力进取是不会有咎害的。

【按语】九四下乘一个乾卦，有跃出一层天空之象；上承两个阳爻，有被压制在渊之象。四爻为近君之位，九四阳居阴位，犹如精明能干的宰相，若能恰当把握进退的时机，自然无咎。九四已离开下卦进入上卦，但是不中不正，又像刚刚步入社会的青年人，经验还不足，技术还不精，就得像一条刚长大的龙在深渊尝试腾跃一样反复练习。

九五：飞龙在天，利见大人。

《象》曰：**飞龙在天，大人造也**[①]。

【译文】九五：龙飞腾在空中，有利于会见德高望重的人。

《象传》说："飞龙在天"，说明阳气已升到尊贵的地位，成了"大人"，可以大展身手，努力作为。

【注释】①造：造化，兴作。

【按语】九五已具有足够的能力，并获得了充分展示的空间，天时、地利皆备，只是还缺人和。因为乾卦六爻皆刚，相互之间都不服输，九五为全卦的首领，理应发挥自己的才能，使大家团结起来。只有敬贤礼士，才能使众阳爻甘心臣服，故言利见大人。

上九：亢龙有悔[①]。

《象》曰：**亢龙有悔，盈不可久也**。

【译文】上九：巨龙已飞腾极高，再继续向上飞，可能会有灾祸或后悔之事发生。

《象传》说："亢龙有悔"，说明阳气已升到极盛的盈满状态，是不可能长久保持的。

【注释】①亢：象形字，本义为颈项，引申为高傲、不

肯低头。

【按语】龙本为能幽能明、能细能巨、能短能长、能兴云作雨的神物，如果过于高亢、不思变通，就没法展示兴云作雨的本能。上九处众阳之上，俯视三个互乾，位置最高，已没有再上升的空间，如同巨龙已飞腾到极高，若不提前思变、急流勇退，时与位俱达极限，自然物极必反，过错、穷困、灾害便会接踵而来。

用九：见群龙无首，吉。

《象》曰：用九天德，不可为首也。

【译文】出现一群龙聚集在一起，无一以首领自居，是大吉的兆头。

《象传》说："用九天德"，因为"九"为老阳之数，为天之德，天生万物而不居功；六个阳爻聚在一起形成老阳乾卦，都是天德的表现，所以六个阳爻都不能以首自居，否则，就会远离天之德。

【按语】六个阳爻聚在一起才能成就老阳乾卦，乾为天行，为不断运动变化的自然规律，不能固守不变而成首。六爻的发动皆属天道的体现。天道不争而善胜。因为天道生而不有、为而不争，所以六个阳爻也互不相争，却各显神通、秉承天德。

《文言》[1]曰：元者，善之长也；亨者，嘉之会也；利者，义之和也；贞者，事之干也。君子体仁，足以长人；嘉会，足以合礼；利物，足以和义；贞固，足以干事。君子行此四者，故曰："乾，元亨利贞。"

【译文】《文言》说：元，是善行增长的动力。亨，是嘉美的集合。利，是仪容与正义的和谐统一。贞，是事业成功的主干。君子体会到“仁”的含义就能够当众人的尊长，汇集各种嘉美就会符合礼仪规范，让万物得到应有的利益就能维持正义和谐的状态，固守正确的理想信念就可以成就事业。君子践行这四种美德，所以说他们如同乾卦一样具有元、亨、利、贞的品德。

【注释】①《文言》：文，饰也；《文言》即文饰、解析《乾》《坤》两卦之言，为《十翼》之一，又称《文言传》，六十四卦中只有《乾》《坤》两卦有《文言》。

初九曰：“潜龙勿用”，何谓也？子曰：“龙德而隐者也[①]。不易乎世，不成乎名，遁世而无闷[②]，不见是而无闷[③]，乐则行之，忧则违之，确乎其不可拔[④]，潜龙也。”

九二曰：“见龙在田，利见大人”，何谓也？子曰：“龙德而正中者也。庸言之信，庸行之谨，闲邪存其诚[⑤]，善世而不伐[⑥]，德博而化。《易》曰‘见龙在田，利见大人’，君德也。”

九三曰：“君子终日乾乾，夕惕若，厉无咎”，何谓也？子曰：“君子进德修业，忠信，所以进德也；修辞立其诚，所以居业也[⑦]。知至至之，可与言几也[⑧]。知终终之，可与存义也。是故，居上位而不骄，在下位而不忧。故乾乾，因其时而惕，虽危而无咎矣。”

九四曰：“或跃在渊，无咎”，何谓也？子曰：“上下无常，非为邪也。进退无恒，非离群也。君子进德修业，欲及时也，故无咎。”

九五曰：“飞龙在天，利见大人”，何谓也？子曰：“同声相应，同气相求；水流湿，火就燥；云从龙，风从虎；圣人作[⑨]，而万物睹；本乎天者亲上，本乎地者亲下，则各从其类也。”

上九曰："亢龙有悔"，何谓也？子曰："贵而无位，高而无民，贤人在下位而无辅，是以动而有悔也。"

【译文】初九爻辞"潜龙勿用"说的是什么意思？孔子说："此时的龙是譬喻有才德而不显露的君子。他们的操行坚定，不为世风所转移，不求虚名，愚钝地居在世上从不觉得苦闷，言行不为世人所赏识而没有烦恼，乐意的事就去做，不乐意的事就避开它，坚守自己的正道而不为外物所动摇，这是潜龙的品德。"

九二爻辞"见龙在田，利见大人"说的是什么意思？孔子说："此时的龙是譬喻有才德的持守公正、做事适中的君子。他们平常说话不离诚信，平常做事小心谨慎，防止邪恶的侵蚀，保持忠诚的本性，引导世人向善而不夸耀，只用博大的德行去感化世人。《易经》上说'见龙在田，利见大人'，就是说世上出现了有才德的君子。"

九三爻辞"君子终日乾乾，夕惕若，厉无咎"说的是什么意思？孔子说："君子要进德修业，应该用忠信提高道德修养；说话言辞适度，确立诚实的品德，才能扩大功业建树。知道能够达到的就去发展它，就可以说是懂得了事情的微妙；知道应该终止的就终止它，就可以与道义上的名声共存。所以处于尊贵的地位不会骄傲，处于卑微的地位不会担忧。所以君子勤奋努力，随时提高警惕，虽处危险境地也不会有咎害。"

九四爻辞"或跃在渊，无咎"，说的是什么意思？孔子说："这是譬喻君子像龙一样或上或下，处世方式变化多端，不属邪恶行为。有时奋进，有时退隐，只是顺应时势，并非喜欢离群索居。因为君子致力于提高道德素养、扩大功业建树，及时抓住机会努力进取，所以没有咎害。"

九五爻辞“飞龙在天，利见大人”，说的是什么意思？孔子说：“这是譬喻同类的声音互相呼应，同样的气息互相求合。水向低湿的地方流动，火向干燥的地方蔓延。云跟随着龙，风伴随着虎。圣人的努力，使万物的特性更容易被人们发现。根基在天上的附丽于天空，根基在地上的依附着大地，万物都按自己的类别相从。”

上九爻辞“亢龙有悔”，说的是什么意思？孔子说：“这是譬喻身份尊贵却没有实权，地位极高却管不到百姓，有才德的人被压制在下层不能前来辅助，因此妄动就会发生悔恨之事。”

【注释】①隐：不显露。②遁：同“钝”，愚钝。在大过卦的《象传》中有“遁世无闷”之语，大过的卦象中蕴含持守愚钝的思想。一般认为“遁”为隐居、逃离之义，这会使下文的“乐则行之”“确乎其不可拔”等语不好理解，又与大过卦卦象中“表面欢喜却内守愚钝”的寓意不符，故不取。③是：赞许，欣赏。④确：坚固，坚定。拔：挪移，动摇。⑤闲：防止。⑥伐：夸耀。⑦居：积蓄，扩大。⑧几：微妙。⑨作：奋起，作为。

“潜龙勿用”，下也。“见龙在田”，时舍也[1]。“终日乾乾”，行事也。“或跃在渊”，自试也[2]。“飞龙在天”，上治也[3]。“亢龙有悔”，穷之灾也。乾元“用九”，天下治也。

“潜龙勿用”，阳气潜藏。“见龙在田”，天下文明。“终日乾乾”，与时偕行。“或跃在渊”，乾道乃革。“飞龙在天”，乃位乎天德。“亢龙有悔”，与时偕极。乾元“用九”，乃见天则。

《乾》“元”者，始而亨者也。“利贞”者，性情也。乾始能以美利利天下，不言所利，大矣哉！大哉乾乎！刚健

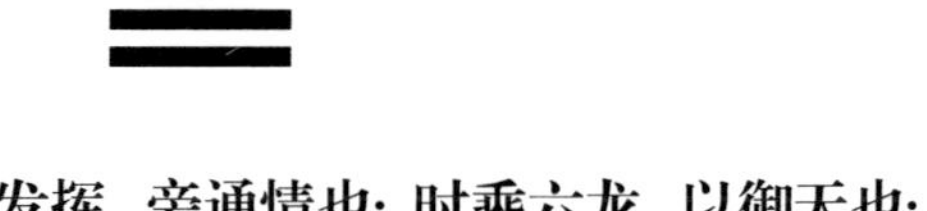

中正，纯粹精也。六爻发挥，旁通情也；时乘六龙，以御天也；云行雨施，天下平也。

【译文】“潜龙勿用”，说明被压在底层无法施展。“见龙在田”，说明此时处境稍稍宽松、舒展。“终日乾乾”，说明在刻苦努力、勤勉做事。“或跃在渊”，说明正在自我检验。“飞龙在天”，说明是理想的治理效果。“亢龙有悔”，说明高到极点就会带来灾难。乾元“用九”，说明像乾元那样运动变化会使天下得到大治。

“潜龙勿用”，说明阳气潜藏未现。“见龙在田”，说明阳气冒出地面，天下开始有光明文彩。“终日乾乾”，说明阳气会适时应变、与时俱进。“或跃在渊”，说明阳气随着天道的变化进入了新的乾体。“飞龙在天”，说明阳气上升到尊贵的地位，已与天同德。“亢龙有悔”，说明阳气已升到极盛的状态，随着时间的推移走到了极点。乾元“用九”，说明阳爻的发动体现了天道运行的法则。

《乾》卦的“元”，是创生天地万物的根源，是万物得以亨通的本始。“利贞”，是乾元坚持利益万物的本来性情。乾道从初始就能把美好的恩泽施予天下，但从不说自己给天下带来的好处，多么伟大呀！伟大的乾道！真正是刚强、劲健、适中、公正、纯粹又精妙的表现。六个阳爻发挥作用，广通天地万物之情理；犹如顺着时令乘驾六条巨龙在空中飞行；分布着云彩，降洒着雨露，给天下带来太平。

【注释】①舍：通“舒”，舒展。②试：检验。③上：通“尚”，高尚的、理想的。

君子以成德为行[1]，日可见之行也。

潜之为言也，隐而未见，行而未成，是以君子弗用也。

君子学以聚之，问以辩之，宽以居之，仁以行之。《易》

曰“见龙在田，利见大人”，君德也。

九三重刚而不中，上不在天，下不在田，故乾乾因其时而惕，虽危无咎矣。

九四重刚而不中，上不在天，下不在田，中不在人，故或之。或之者，疑之也，故无咎。

夫大人者，与天地合其德，与日月合其明，与四时合其序，与鬼神合其吉凶。先天而天弗违[②]，后天而奉天时[③]。天且弗违，而况于人乎？况于鬼神乎？

亢之为言也，知进而不知退，知存而不知亡，知得而不知丧。其唯圣人乎！知进退存亡，而不失其正者，其唯圣人乎！

【译文】君子对乾道美德的践行，会体现在日常可见的行为中。

“潜”的意义在于，隐伏而不显露，当自己的修行尚未达到成熟的程度，君子是不会急于发挥自己的作用的。

君子通过学习来积累知识，积极请教，使自己明辨是非，将宽容存居内心，用仁义来处理事情。《易经》说：“见龙在田，利见大人”，说明出现了这种有才德的君子。

九三爻处在两重阳爻之上，没有得到上、下卦的中位，既不像九五那样居尊位，又不像九二那样居田野，应该勤奋努力，随时提高警惕，处境虽艰险，但不会有咎害。

九四爻处在三重阳爻之上，没有得到上、下卦的中位，既不像九五那样居尊位，又不像九二那样居田野，也不像九三那样居三公之位、具有当位的阳刚人品，所以有“或”的说法。“或”这个词就是表示迟疑。因为迟疑而多方审度，所以没有咎害。

九五爻所说的“大人”，他的德行与天地相契合，他施

予人们的恩泽与日月的光明相契合，他实行的政令与四季的时序相契合，他实行的赏罚与鬼神带来的吉凶相契合。他先天的才智不会被上天改变，他后天的努力会遵奉天时的变化。上天尚且不会改变他，更何况人呢？更何况鬼神呢？

上九所说的“亢”，是指只知前进不知后退，只知存在不知消亡，只知获得不知丧失。也许只有圣人才知道这一切！深知进退存亡之间的关系而不失正道原则的人，恐怕只有圣人了！

【注释】①成：成就，树立。②弗：不会；本义为矫枉，字形像用绳索把两根木材矫直。违：改变。③天时：大自然阴晴寒暑的变化规律。

卦二　坤为地

坤，元亨[①]，利牝马之贞[②]。君子有攸往[③]，先迷后得主，利。西南得朋，东北丧朋[④]。安贞吉。

【译文】坤卦：祭祀天神，利于柔顺地乘驾牝马前往。君子如果前往，抢先行动会迷失方向，跟随在后面才会有精神支柱，获得吉利。往西南将得到朋友，往东北将失去朋友。按忠贞柔顺的原则做事，前途一定吉祥。

【注释】①坤：上、下卦皆为坤（☷），代表地，是尊崇乾天之道的践行者。“坤”字是土申的组合，申为金，乾也为金（因乾天为尊贵、为变化、为永恒，黄金具有类似的特性），土中藏金，说明天意天理蕴藏于坤中，坤道的运行是以乾道为中心。天为万物之元，祭元为顺天的具体表现，故说坤元亨（“亨元”的倒装）。亨：通“享”，祭祀，进献祭品。“亨”属象形字，甲骨文、金文的字形为祭祀场所的宗庙形状。②牝马之贞：合理的顺从。因为牝马温和柔顺，介于乾马和坤牛之间。③有：如果。④西南得朋，东北丧朋：坤为阴，阴气始于东南，盛于西南，为得朋；阳气始于西北，盛于东北，为丧朋。

《彖》**曰：至哉坤元，万物资生，乃顺承天。坤厚载物，德合无疆。含弘光大，品物咸亨。牝马地类，行地无疆，柔顺利贞。君子攸行，先迷失道，后顺得常。西南得朋，乃与类行。东北丧朋，乃终有庆。安贞之吉，应地无疆。**

【译文】《彖传》说：至美啊，坤卦的生发元气。万物依靠它获得生命，才能顺承天道的变化而成长。坤卦代表大地，大地厚实，承载万物，其美德的应合无边无界。大地包容世间万物，又发扬天道的光辉，默默促使万物的发育生长得以畅达亨通。牝马阴性，与大地类似，在大地上行走不会因为疆域而有所不同，与大地一样具有柔和、温顺、利益他人，以及持守忠贞的特性。君子之行，如果抢先行动就会迷失道路，只有柔顺居后才能发现恒久不变的规律。在西南得到朋友，只能与同类一起前行；在东北丧失朋友，却能得到阳刚的主人，最终会有喜庆。持守忠贞柔顺的原则可获吉祥，是因为应合了大地的顺承天道、无尽生发之德。

《象》曰：**地势坤，君子以厚德载物。**

【译文】《象传》说：坤之象，如同大地顺承天道、平铺舒展之势；君子观此卦象，取法于地，以深厚的德行来承担重大的责任。

初六：履霜，坚冰至。

《象》曰：**履霜坚冰，阴始凝也，驯致其道，至坚冰也。**

【译文】初六：践踏着薄霜，可以推断坚厚的冰层很快就会出现。

《象传》说：“履霜坚冰”，这表明阴冷之气开始凝聚了；根据自然规律的推进，坚厚的冰层很快就要冻结而成了。

【按语】初六阴居阳位，地位卑微又无实力；如同柔弱的百姓，像薄霜一样承受着人们的践踏，内心却能随着天时的变化逐渐坚强如冰。坤卦在十二消息卦里为十月，是入冬之时，为降霜之期，冰雪的景象即将呈现。坚冰，为冷气凝结之物，说明阴柔之气中也含有刚强之性。初六阴极就会变为初九而成震卦，震为趾、为履，故言履霜坚冰至；说明初六谨小慎微又顺承天道，具有把握时机的能力。

六二：直、方[①]、大；不习[②]，无不利。

《象》曰：六二之动，直以方也。不习无不利，地道光也。

【译文】六二：正直无邪，按原则办事，对人大度，不用修习就可前往陌生的地方，没有什么不利的。

《象传》说：六二的行动是因为正直无邪才敢按原则办事。“不习无不利”，说明六二已获得大地忠贞柔顺之道的光辉。

【注释】①方：有棱角的方块，即原则，因为按原则办事必须有棱角。②习：熟习。

【按语】六二阴柔当位并居中，如同正直无邪、忠贞柔顺的地方官，遵循天圆地方的道义，以直方大的品行彰显大地的特性，能够充分利用外界环境的有利条件，上忠天子，下爱百姓，在大家都守柔处静的时候自然无往不利。

六三：含章可贞[①]。或从王事，无成有终。

《象》曰：含章可贞，以时发也。或从王事，知光大也。

【译文】六三：含藏优美的文采，足以守持正道。如果跟从君王做事，能把成就归功于君王，会有好的结果。

《象传》说：“含章可贞”，说明能抓住时机采取行动。“或从王事”，因为他知道自己是被照耀才显得高大的。

【注释】①章：章采，文采；青与赤谓之文，赤与白谓之章。

【按语】六三阴居阳位，需要借助乾阳之功，才能表现出内在的章美；变成阳爻，向下互成艮山，才能彰显高大的形象。三爻为武人之位，六三阴柔不当位，而上下都是当位

阴爻，不得不武而不扬、含而不露，喻示内涵优美、不慕功名。三爻又为三公大臣之位，只有符合坤卦的忠贞柔顺之道，才能代替君王发挥作用。

六四：括囊[1]，无咎无誉。

《象》曰：括囊无咎，慎不害也。

【译文】六四：好像扎紧口袋一样缄口不言；对自己来说，不会受到指责，也不会得到赞誉。

《象传》说："括囊无咎"，说明谨言慎行不会有祸害。

【注释】①括：收束，扎紧。囊：布袋。

【按语】六四阴柔当位，上承柔弱的天子六五，下乘不胜其任的大臣六三，在无人支持的局势下，若不收敛、慎言，易惹灾祸。天子为阳，臣民为阴，六四承君乘臣，若不充分发挥桥梁纽带作用，就会致使上下阴阳不通，六四下面的贤人就会隐退，百姓就会处于被扎紧的口袋般的困境之中。

六五：黄裳[1]，元吉[2]。

《象》曰：黄裳元吉，文在中也。

【译文】六五：身穿黄色的裙裤，不彰显尊贵才会获得吉祥。

《象传》说："黄裳元吉"，因为"黄裳"象征人的内在美德。

【注释】①黄：为尊贵之色。裳：遮蔽下体的衣裙，代表顺；又通"常"，常理。②元：看不见的本元。

【按语】六五为柔居尊位，德不配位，因畏天命不敢穿黄衣，唯穿黄裳。此时六爻皆阴，六五若不保持低调，很容易受到阴险奸佞小人的攻击。黄为土色，象征大地；大地阴柔，顺承阳天；坤卦中，阴位之爻皆未失常，六五置身黄中，与民众打成一片，在无形之中获得吉祥，故说元吉。

上六：龙战于野，其血玄黄[1]。

《象》曰：**龙战于野，其道穷也**。

【**译文**】上六：龙在旷野上战斗，天空和大地被血染成一片玄黄。

《象传》说："龙战于野"，说明此时已发展到阴柔的极限。

【**注释**】①玄黄：为天地之色，玄为天色，黄为地色；又同"泫潢"（xuàn huáng），为水漫之貌。

【**按语**】上六处全卦最上，阴柔当位，为坤卦中最顽固的势力，极力固守坤卦的阴柔状态。然而，物极必反，柔极生刚，上六的固执引起众阴的不满，导致潜伏的敌人（阳气）乘机而侵，于是出现了月亮下山时太阳即将升起的景象，一片玄黄，天地莫辨。龙本应腾飞于天空，现在相战于田野，已失去龙的本性，说明事物的发展已达到极限，矛盾即将在寂寞中爆发。此时的上六，如同势单力薄的退休元老，如果再挂帅出征，凶多吉少。

用六：利永贞[1]。

《象》曰：**用六永贞，以大终也**。

【**译文**】用六：利于像川流不息的江水一样长久坚守忠贞。

《象传》说："用六永贞"，因为"六"为老阴之数，为地之德；地德至静、至柔、至顺、至贞；坤也为老阴，六个阴爻聚在一起才能成坤卦；所以六个阴爻都不需在意别人对自己的看法，只需持守贞正，与坤德共终。

【**注释**】①永：为象形兼会意字，本义指水长流不断；

其甲骨文为一条大河派生出小河的形状，引申为坚守忠贞。

【按语】六个阴爻聚在一起才能形成坤卦，坤卦是对乾卦天德的顺承，坤卦的六个爻为坤德的派生。坤卦安静、柔顺、包容的特性是六个阴爻的集合，六个阴爻的发动，也不能失去坤卦的特性；但是，只在没有敌人入侵时，六爻各自修己，才会平安无事，若有敌人入侵，就会呈现一盘散沙。如同大河分流，其水性不会改变；但是，大河派生小河后，小河与小河之间不能再相互联系。“利永贞”，因为“利”字为禾旁加刀，表示以刀断禾；但是，只有在刀锋向禾时才能获利，刀锋向己就会伤身；所以必须坚守忠贞，抛开自我，不能懈怠。

《文言》曰：坤至柔而动也刚，至静而德方，后得主而有常，含万物而化光。坤道其顺乎！承天而时行。

积善之家，必有余庆；积不善之家，必有余殃。臣弑其君，子弑其父，非一朝一夕之故，其所由来者渐矣！由辩之不早辩也。《易》曰：“履霜坚冰至”，盖言顺也。

直，其正也；方，其义也。君子敬以直内，义以方外。敬义立，而德不孤。直方大，不习无不利，则不疑其所行也。

阴虽有美，含之以从王事，弗敢成也。地道也，妻道也，臣道也。地道无成，而代有终也[1]。

天地变化，草木蕃；天地闭，贤人隐。《易》曰：“括囊，无咎无誉”，盖言谨也。

君子黄中通理，正位居体。美在其中，而畅于四支[2]，发于事业，美之至也。

阴疑于阳必战。为其嫌于无阳也[3]，故称“龙”焉。犹未离其类也[4]，故称“血”焉。夫玄黄者，天地之杂也，天玄而地黄。

【译文】《文言》说：地道虽然柔顺，但运动起来极是刚健。它外表娴静，但品行方正、不失棱角。地道后于天道而行动，因而获得了精神的支柱，使一切行动都具有规律性。它包容万物，并使之被感化而散发出应有的光辉。地道是多么柔顺啊！顺承着天道而依照四时的变化运行。

积德行善的人家，必定有吉庆遗留下去；行凶作恶的人家，必定有灾祸遗留下去。臣子弑杀他的国君，儿子弑杀他的父亲，并不是一朝一夕的缘故，这样的结果是逐步发展起来的。人们没有及早辨清真相才出现灾祸。《易经》说："履霜坚冰至"，大概是指事物的出现都是顺着一定的趋向逐渐发展而成的。

直，是心地正直；方，指原则和正义。君子用严肃恭敬的态度来保持内心的正直，用原则和正义来规范自己的外部言行。只要树立敬重正义和原则的精神，他的品德就会产生广泛的影响。君子"直方大，不习无不利"，是因为人们不会怀疑他的行为。

阴柔喻指臣下，虽有美德，仍宜深藏含隐，服务于君王，不宜冒险彰显自己的成就；这符合地道，也符合妻道，同样符合臣道。因为地道从不将成就归于己有，所以它能一直替代天道发挥作用。

天地变化，草木就茂盛；天地阻隔不通，贤人就隐退。《易经》说："括囊，无咎无誉"，大概在说谨慎行事的道理。

君子的尊贵是因为置身于可用黄色代表的地道之中，通情达理，整肃自己的职守，恪守应尽的礼节；将美德积聚在内心，流畅于四肢，发挥于事业；这是最为完美的表现。

如果阴柔的内部相互猜疑，就会招来阳刚的侵略，发生战争。为了避免人们以为坤卦无阳气，才在爻辞中用"龙"以提示阳气的存在。因为阴爻像猿一样不会离开自己的同类，

所以在爻辞中用“血”来表示阴爻的忠贞、团结。所谓玄黄，是指天地混合相交的色彩，玄为天色，黄为地色。

【注释】①有终：自始至终。②支：通“肢”，肢体。③嫌：疑惑，怀疑。④犹：兽名，一种猿类群居动物，又叫犹猢。如果犹群中有伙伴不幸掉队，大家就会发出悲哀的叫声，呼唤那掉队的伙伴。类：朋类；繁体为“類”，指像犬一样忠贞、守信的同类。

卦三　水雷屯

屯[1]，元亨[2]，利贞[3]，勿用有攸往[4]，利建侯[5]。

【译文】屯卦：初始艰难但其势亨通，利于守持正道，不宜急于出外，适宜封爵拜侯、培养接班人。

【注释】①屯（zhūn）：艰难，字形为一棵正破土而出的嫩芽，形容草木初生之状。屯卦爻象为二阳四阴；一阳居下，为三阴所乘；一阳居外，为四阴所困，故名屯。②元亨：屯为开天辟地后的第一卦，万事开头难，生命与苦难相伴而来，战胜苦难就可享受生命成功的快乐，故曰元亨。③利贞：下卦为震动，上卦为坎险，动即遇险，不宜妄动，只宜固守，故曰利贞。④勿用有攸往：屯卦为物之始生，根本过浅，基础尚弱，应先夯实基础，不宜急于展示。⑤利建侯：屯卦下震上坎，中存艮坤，坤为母，震为长男，坎为中男，艮为少男，一母育三子，公侯之位的六三爻处艮、震两卦之体却不当位，需要大家的扶持。

《彖》曰：**屯，刚柔始交而难生。动乎险中，大亨贞。雷雨之动满盈，天造草昧[1]，宜建侯而不宁[2]。**

【译文】《彖传》说：屯卦为下震上坎；下震因乾阳交于坤体初爻而成卦，为刚柔始交；上坎为乾阳入坤中，成二阴锁一阳、难生之象；说明苦难与生命相伴而生。在险难中变动发展，尽管前景会壮大亨通，但必须持守正道。雷雨并

作充满天地之时，万物草创于混沌蒙昧之中；如果世上出现不安宁的现象，应当建国封侯。

【注释】①草昧：草木见不到阳光，即阳气发动而未遂。初九动于三阴之下，力量不够；九五又陷入四阴之中；二阳爻被困，犹草木欲萌而被霜雪和厚土掩盖。②而：连词，表示假设。

《象》曰：云雷，屯。君子以经纶[1]。

【译文】《象传》说：云聚于上而未雨，雷动于内而未发，是屯卦之象。君子因此效法云施恩泽和雷显威严来经略天下大事。

【注释】①经纶：治理；理出丝絮曰经，编丝成绳曰纶。

初九：磐桓[1]；利居贞，利建侯。

《象》曰：虽磐桓，志行正也。以贵下贱，大得民也。

【译文】初九：因地位低下，不能接触朝廷，徘徊难进，只利于在家埋头苦干、做好自己，为将来夯实民众基础，等待封侯拜爵。

《象传》说："虽磐桓"，说明徘徊不进非优柔寡断，而是反复考量，志在践行正道。初九以尊贵俯顺于低贱，因而大得民心。

【注释】①磐（pán）：大石，纡回层叠的山石；又通"盘"，回旋。桓（huán）：柱子，古代立在驿站、官署等建筑物旁作标志的木柱，后称华表。磐桓：指在困难面前徘徊。

【按语】初九居下震，上应六四，六四居坎体；震为动，坎为险；前行遇坎险就会自身错变，震错成巽，巽为进退；处屯难之始，居下而动，进退两难，故曰磐桓。初九为下震主爻，为公侯六三爻的动力源泉，故曰利建侯。初九上承互坤，坤为众、为百姓，喻示以尊贵之身处卑下之位，深入百姓，体察民情，故能获得民心。

六二：屯如邅如[1]，乘马班如[2]。匪寇婚媾，女子贞不字[3]，十年乃字。

《象》曰：**六二之难，乘刚也[4]。十年乃字，反常也。**

【译文】六二：徘徊难进，骑着马在原地转圈。确认对方不是匪寇后才去求婚。女子因胆小没有应许，经十年之后才应许。

《象传》说："六二之难"，说明六二的难处是居在初九阳爻之上。"十年乃字"，说明六二历经十年才回到正常状态。

【注释】①屯（zhūn）如邅（zhān）如：形容人聚集在一起难以行走。屯：聚积。邅：难以行走。如：语气词。②班：同"般"，回旋。③字：女子许嫁。④乘：凌驾。六二阴爻处于初九阳爻之上，为柔乘刚之象。

【按语】六二上应九五，九五居坎体，坎为盗寇；因九五中正居尊位而非寇，故六二愿与之婚配。六二阴柔中正，为忠贞之爻，近比初九却不应，非九五不嫁，故言女子贞不字。六二居互坤之始，坤为土，土数成于十，屯难之时，六二上承互艮、互坎，受山水之阻，二五虽中正相应，需十年方成，故言十年乃字。

六三：即鹿无虞[1]，惟入于林中[2]，君子几不如舍[3]，往吝[4]。

《象》曰：**即鹿无虞，以从禽也[5]。君子舍之往吝，穷也。**

【译文】六三：追捕野鹿，没有得到向导的帮助。稍微迟缓，鹿就逃入山林。君子机灵，认为穷追不舍不如放弃，深入山林会有危险。

《象传》说："即鹿无虞"，说明意在追逐野兽。君子放弃那野兽，因为知道深入山林会有危险，已无他法。

【注释】①虞：掌管山林之官。鹿：野鹿；又通"禄"，爵位。②惟：考虑，思忖。③几：通"机"，机智。④吝：艰难。⑤从：跟随，追逐。

【按语】六三同时居震之上爻与艮之下爻，震为动、为捕、为鹿，艮为山、为路、为猛禽，有进山捕鹿之象。然而，六三阴柔居公侯之位，为德不配位，上下皆阴，又无应爻，环境非常不利；好在六三又处互坤体中，坤为顺，故审时度势而舍弃。喻指太子只宜安身保命，不宜为了继帝位而争夺实力。

六四：乘马班如，求婚媾，往吉，无不利。

《象》曰：求而往，明也。

【译文】六四：驾着马车原地回旋，为求婚的事犹豫不决。只要认清形势，必定无往不利。

《象传》说："求而往"，说明六四洞幽烛微，对形势了如指掌。

【按语】六四阴柔当位，下应初九；两爻阴阳居正而相应，为求婚之象。六四处坎、艮、坤三卦之体，上遵宫廷之礼承九五，下顺山水之势应初九，得温柔承顺之全德，进退有度，故无往不利。

九五：屯其膏①，小贞吉②，大贞凶。

《象》曰：屯其膏，施未光也。

【译文】九五：虽居尊位还要囤积力量。小事（在家里）放权则吉，大事（在朝廷）放权则凶。

《象传》说："屯其膏"，说明德泽尚未广施。

【注释】①屯：通“囤”，囤积。膏：膏泽、脂油。②贞：扶植，施予。

【按语】九五为全卦的主宰，为建侯的首领。建侯的主要原因是三爻太子不当位，只要三爻当位就会水火既济、上下通畅。为了弥补现状，必须建侯来辅助三爻。因为三爻继位人过于柔弱，身居坎险之中、山巅之上的九五不得不积蓄力量，在家里秘密地扶植六三，但不能在朝廷上公开纵容六三。九五居坎、艮之体，有云聚山上未雨之象，含屯膏之义。互艮为门户、宫阙、朝廷，九五与六三同处艮体，有可贞之义。

上六：乘马班如，泣血涟如[1]。

《象》曰：泣血涟如，何可长也?

【译文】上六：驾着马车原地回旋，哭泣不止，血泪涟涟。《象传》说：“泣血涟如”，这种情景怎能长久下去?

【注释】①涟如：水波荡漾的样子，形容血泪不断地流。

【按语】上六居坎体，坎为美脊马；下乘震卦，震为善鸣马；中间隔着艮山、坤地，两马只能闻声徘徊，有乘马班如之象。坎卦为陷、水、心病、忧、血，上六处坎外爻，上无去处，下无呼应，有孤独悲泣之象。上六处险之极而无应，居则不安，动则无目的地。上六在九五之上，与三爻敌应，犹如太上皇看到太子无能处理国事，为皇室的将来而哭泣。

卦四 山水蒙

蒙，亨[1]**。匪我求童蒙，童蒙求我。初筮告，再三渎，渎则不告。利贞**[2]。

【译文】为孩童开蒙先举行祭祀。不是我去请求蒙童学习，而是蒙童主动来向我请教。请教与卜筮一样，卜筮一次神灵就会告知吉凶，心存疑虑的再三卜筮就成了亵渎神灵，亵渎就不会再相告。所以说蒙卦有利于谨守学礼，遵循求学之道。

【注释】①亨：祭祀。②贞：坚持，遵守。

《彖》曰：**蒙，山下有险，险而止，蒙。蒙，亨，以亨行时中也。匪我求童蒙，童蒙求我，志应也。初筮告，以刚中也。再三渎，渎则不告，渎蒙也。蒙以养正，圣功也**。

【译文】《彖传》说：蒙卦为上艮下坎，艮为山，坎为险，说明山下有险；艮又为止、为蒙昧的少男；遇险而止，蒙昧不明，需要开蒙启智，所以卦名叫蒙。在开蒙前先举行祭祀是切合时宜的。"匪我求童蒙，童蒙求我"，说明我与童蒙的关系如同卜筮者与求筮者，是相互和应的。"初筮告"，因为他心存刚毅，行为适中，具有施教的能力。"再三渎，渎则不告"，说明纠缠不敬是蒙昧无知的行为。将蒙昧无知的人培养成具有贞正之德的人，那是圣人的功业。

《象》曰：**山下出泉，蒙。君子以果行育德**。

【译文】《象传》说：上为艮山，下为坎水，有水被山阻、寻找外流渠道之象。君子观此卦象，取法于一往无前的山泉，从而以果敢坚毅的行动来培养自身的品德。

初六：发蒙，利用刑人，用说桎梏[1]；以往，吝。

《象》曰：利用刑人，以正法也。

【译文】初六：启发蒙昧，适宜向他们宣传刑罚规则，以此来规范他们的行为，使他们远离那些刑罚桎梏之苦。如果有人未经过学习就去干事业，定难达到目的。

《象传》说："利用刑人"，说明端正法则可使蒙昧者受到教化。

【注释】①说：通"脱"，脱离。桎梏：枷锁。在足曰桎，在手曰梏。

【按语】初六地位卑微又属阴爻，如同未长大的孩童；居坎卦下爻，坎上覆着艮山；坎为陷，代表法律、刑具；艮为止，代表困苦、阻碍；喻示小孩若离开大人的管束就会遇到困苦。初六在坎体，坎又代表弓轮、箭矢、美马，上承震卦，震代表奔腾、发动，有备好车马弓矢准备出发之象，故言发蒙。

九二：包蒙，吉。纳妇，吉。子克家[1]。

《象》曰：子克家，刚柔接也。

【译文】九二：众学生围绕着启蒙老师听教诲，这是吉祥的现象。娶媳妇，占得此爻是吉利的。它象征着儿子成家立业。

《象传》说："子克家"，说明儿辈能成家立业，是因为阳刚爻与阴柔爻相接应。

【注释】①克：完全，承担，胜任。

【按语】九二阳居阴位，并被四个阴爻包围，如同优秀的老师身边围绕许多懵懂的学生，又如优秀的基层领导得到

了员工的支持。九二与六五刚柔相应为吉祥婚配之象。九二为坎卦主爻，坎为中男，为成就事业的最佳阶段。

六三：勿用取女[1]，见金夫[2]，不有躬[3]，无攸利。

《象》曰：勿用取女，行不顺也。

【译文】六三：不要娶这样的女人，因为她见到有钱人，就会失身，娶她是没有任何好处的。

《象传》说："勿用取女"，说明前往是不顺利的。因为六三阴爻居于九二阳爻之上，以柔乘刚喻示以女虐男，悖逆当然不顺。

【注释】①取：娶。②金夫：手执武器的男子，武夫。③躬：身体。不有躬，犹言丧失性命。

【按语】六三阴柔却居三公之位，下乘九二又应上九，犹如多欲之女人。六三居坎之体，坎水本性下流，上面已被艮山阻挡，故弃上九而下应九二。只有正应才属名正言顺的正室，六三不顾名节下应九二很难保住性命，故言勿用取女。

六四：困蒙，吝。

《象》曰：困蒙之吝，独远实也[1]。

【译文】六四：被众蒙所困，行进十分艰难。

《象传》说："困蒙之吝"，说明六四的困顿是因为独自远离刚实之阳爻。

【注释】①实：阳爻，又指代社会生活、社会交往。

【按语】六四是蒙卦之中唯一当位之爻，却陷三阴之中、艮山之脚，有被虚伪小人围困之象。六四又处互震上爻，震为冲动、奔腾，却被上面的艮山压住，下面推着往上走，上面压着不让动，上下排挤又孤立无援，犹如众人皆醉己独醒的屈原，困顿难言。

六五：童蒙，吉。

《象》曰：**童蒙之吉，顺以巽也**[1]。

【译文】六五：懵懂天真的孩童接受启蒙，这是吉祥的现象。

《象传》说："童蒙之吉"，说明六五柔顺谦逊、虚心学习、接受教导。

【注释】①顺：柔顺。巽：谦逊。

【按语】六五为阴爻居尊位，上承阳爻上九，并有九二善鸣之马跑来辅助，有幼主得能臣辅助之象，犹如周成王得助于周公，为吉祥之兆。

上九：击蒙，不利为寇[1]**，利御寇**[2]。

《象》曰：**利用御寇，上下顺也**。

【译文】上九：用体罚责打的方式教育孩童，应避免孩子因受罚记仇，只适合防范性地责打。

《象传》说："利用御寇"，说明上下配合很顺当。

【注释】①寇：盗匪。为寇：围剿盗匪，当作盗匪一样打击。②御：防范。

【按语】上九阳居阴位，处全卦最上；又为艮卦主爻，艮为手；下应六三，六三阴柔不当位，属未长大的孩童；上与三相应，有击蒙之象。因为六三取悦九二而在坎寇，大局蒙昧，所以上九不宜围攻盗寇，只宜小心防范。譬如孙子不争气，爷爷只能防范性地敲打，不能使用暴力。上九处艮山最上，可以发挥抵御外寇的作用；九二处下卦中位，可以施展安定内部的才华；上攘外，下安内，故言上下顺。

卦五　水天需

需①，有孚②光亨，贞吉。利涉大川。

【译文】需卦指为了风调雨顺举行祭祀。祭祀时会杀牺牲，取血献享日月以求光明，只要忠贞虔诚就会获得吉祥。利于涉越大川险阻。

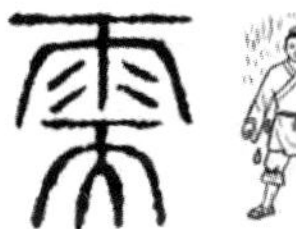

【注释】①需：此字是根据卦象创造，需卦上坎为雨，下乾为君，表示人遇雨被淋；“需”字上面雨部为冠形，下面而部为人形，又被指代巫士祭祀时所戴的冠；这里指因风雨不节而祭祀。传统的解释认为“需”字是遇雨后在屋檐下避雨，这种解释过于迂曲，不好理解，因为人在屋檐下一般会有安全感，只符合“庇”字的解释。傅剑平认为，“需”字为关于饮食的祭享与占筮，此说可取。②有：会意字，表示取，金文为手中持肉形。孚：为“俘”的本字，这里指杀牺牲以血献祭。

《彖》曰：**需，须也，险在前也。刚健而不陷，其义不困穷矣。需，有孚光亨，贞吉，位乎天位，以正中也。利涉大川，往有功也。**

【译文】《彖传》说：祭祀需要戴上头冠和面具，需卦是在天上下雨、人们被困时，为被困的人们举行祭祀。获得上天的刚健之德，就不会陷入困境，也不会落到无路可走的地步。“需，有孚光亨，贞吉”，是因为需卦的九五爻阳刚中正、居于“天”一般的尊位。“利涉大川”，说明结果是能建立功业的。

《象》曰：云上于天，需，君子以饮食宴乐。

【译文】《象传》说：下雨时不能举行祭祀，祭祀需要在云变成雨之前举行，君子因此为祭祀准备饮食、宴飨和歌舞。

初九：需于郊，利用恒，无咎。

《象》曰：需于郊，不犯难行也。利用恒无咎，未失常也。

【译文】初九：在郊外祭祀天神，祈求风调雨顺，有利于引导人们遵循常礼，不会有过咎。

《象传》说："需于郊"，说明初九不会朝着艰难前进。"利用恒无咎"，说明初九没有违反正常的原则。

【按语】初九阳刚当位，上承兑卦，兑为斧钺、兵器，有武夫之象，但初九不凭武力谋利，而是通过祭祀谋取恒久之安。此时地位卑微，身在野郊，必须做好对付野外危险的准备。

九二：需于沙，小有言，终吉。

《象》曰：需于沙，衍在中也[①]。虽小有言，以终吉也。

【译文】九二：在沙地上举行祭祀，会受到大家的指责，最后还是吉利的。

《象传》说："需于沙"，因为沙地过于软柔，容易在祭祀过程中发生闪失，而做这样决定的主要原因是身处乾卦中位。虽然会受到大家的指责，最后的结果还是好的。

【注释】①衍：同"愆"，过失。中：下乾中位，又指代自身。

【按语】九二是唯一不当位之爻，并处兑泽下爻，为湖边之沙象，兑又为口舌，故曰小有言。因需卦最终会变为中

孚卦，九三爻与上六爻互换成上巽下兑，巽为祭祀，喻示祭祀可以获得人们的信任。因为卦变后九二自身不会变，并且得不到九五的支持，有被大家指责的可能。但是九二为下乾的中心爻，为推动九三上行的主力，最终会完成九三上行祭祀的活动，故终吉。

九三：需于泥[①]，致寇至[②]。

《象》曰：需于泥，灾在外也。自我致寇，敬慎不败也[③]。

【译文】九三：在水边泥泞之地祭祀，会把强盗招引过来。

《象传》说："需于泥"，说明祭祀是为了解决下雨给外面带来的灾难。"自我致寇"，说明九三主动招来强盗，但能随机应变谨慎行事，不妄动刀兵，也不会受到损伤。

【注释】①泥：泥淖之地。②致：招致，招惹。③敬：郑重。

【按语】因为九三不想维持现状，要去野郊举行祭祀，野外正逢雨灾，致使九三陷入泥淖之中，并引来抢劫祭品的匪寇。九三阳刚当位，又与上六相应，喻示虔诚祈祷可获得神灵护佑。九三居兑泽之中，上承坎水，为泥象。

六四：需于血，出自穴。

《象》曰：需于血，顺以听也。

【译文】六四：祭祀时杀牺牲取血献祭，牺牲取自穴居之中。

《象传》说："需于血"，因为六四处在九五的威逼之下，只得顺从强者，听从摆布。

【按语】六四阴柔当位，上承九五，下应初九，如同侍守在城下沟洫边的卫士，为了保护九五拼血搏杀，后因来了援助得以脱险。六四同时居兑、离、坎三卦之体，兑为斧钺，离为戈兵，坎为箭矢，三卦相叠喻指水深火热的战场，只因处柔祭天终得脱险。

九五：需于酒食[1]，贞吉。

《象》曰：酒食贞吉，以中正也。

【译文】九五：在祭祀时代替神明吃食饮酒，持守贞正会得吉祥。

《象传》说："酒食贞吉"，吃食饮酒为吉利之兆，因为九五阳刚中正，为全卦的首领，在祭祀时必须主持全局，代神吃食饮酒。

【注释】①酒食：又指酒宴，以喻人处境优越。

【按语】九五处坎卦中位，有在酒席上从容应对之象，又有在穴居内吃饱喝足以迎接下一次的劳作之象。九五同时居坎、离之体，有水火既济、烹饪成食之象；九五又与九三同处离火之卦，可促使九三顺火势上行与上六相应、换位以成上巽；坎为酒水，既济为熟食，巽为祭祀，故说需于酒食。

上六：入于穴，有不速之客三人来[1]，敬之，终吉。

《象》曰：不速之客来，敬之，终吉。虽不当位，未大失也。

【译文】上六：进入地穴式的房屋，有三位不速之客来到，恭敬地接待他们，结果是吉利的。

《象传》说：不速之客来了，恭敬地接待他们，结果是吉利的。这种恭敬的态度虽与上六的高位不相当，但是没有犯大的过失。

【注释】①不速之客：不请自来的客人。

【按语】上六阴柔当位，并居坎水上爻，水性下流，引得下卦三个阳爻前来做客。因需卦为祭祀之卦，巽（☴）也代表祭祀，下面三个阳爻都具有乾卦的进取之性，都想来与六四、九五互成巽卦以祭天，故有三位不速之客。因为祭祀可以得到神明的保佑和众人的支持，故终吉。

卦六　天水讼

讼[①]，有孚窒[②]，惕，中吉，终凶。利见大人[③]，不利涉大川。

【译文】讼卦是指诉讼、打官司。出现这种事情，是因为能让人信服的真相被掩盖了。如果警惕戒惧，坚守中道，就会有吉祥的结局。如果执着于胜诉的结果就会有凶险。卜筮得此卦，有利于听从法官的公正判决，不利于远涉大川（上诉）。

【注释】①讼：争论，诉讼。②孚：真相。③见：仰视，听从。

《彖》曰：**讼，上刚下险，险而健，讼。讼，有孚窒惕中吉，刚来而得中也[①]。终凶，讼不可成也。利见大人，尚中正也。不利涉大川，入于渊也。**

【译文】《彖传》说：上乾为刚，下坎为险，外刚健而内阴险，喜斗好争，即讼卦之义。"讼，有孚窒惕中吉"，因九五是刚健之人来到中正之尊位。"终凶"，因为诉讼终究不会有收获。"利见大人"，应该遵从大人的公正判决。"不利涉大川"，因为诉讼可能会被卷入深渊。

【注释】①讼卦变自睽卦，因二女反目而成讼，卦变时睽卦的初爻上行至五爻，故说刚来得中。由初升至五，犹如平民秘密取得皇位，会引起全国反对而争讼。

《象》曰：**天与水违行，讼。君子以作事谋始[①]。**

【译文】《象传》说：上卦为乾，乾为天；下卦为坎，坎为水；天为清气上升，水为浊气下流；天自东向西转，水自西往东流；这些事理乖舛之象即为讼卦。因此君子在做事前先占卜。

【注释】①谋始：问卜。始：同“筮”，筮卜。

初六：不永所事[1]，小有言，终吉。

《象》曰：不永所事，讼不可长也。虽小有言，其辩明也。

【译文】初六：不随波逐流，可能会引起小的争论和指责，但结果是吉利的。

《象传》说：“不永所事”，说明坚持争讼不会有好处。“虽小有言”，虽然会被大家指责，但对于是非曲直终将辨别清楚。

【注释】①永：随波逐流，甲骨文字形为一条大河派生出小河之状。

【按语】初六来自睽卦的六五，在睽卦时处互坎之中，下行到初爻还处坎卦之体，为一直随波逐流之象。只是卦变后，下坎三个爻全不当位，阳刚的九二会带着两个阴爻逆行与上乾争讼，故言不永所事。卦变前初爻在兑卦之体，兑为口舌，变后兑隐，并且初六还得到了乾卦里面九四的呼应，故曰小有言终吉。

九二：不克讼[1]，归而逋，其邑人三百户无眚[2]。

《象》曰：不克讼归逋，窜也。自下讼上，患至掇也[3]。

【译文】九二：争讼失败，回家后立即逃跑，三百户随同人员不会有灾祸。

《象传》说：“不克讼归逋”，说明讼事失败后自己逃跑可以保家。下级与上级争讼，这样的祸患是自找的。

【注释】①克：成功，胜利。②逋（bū）：逃亡。邑人：同乡的人。眚（shěng）：灾祸。③掇（duō）：拾取。

【按语】九二阳居阴位，在睽到讼的卦变过程中一直处下卦中位，对初九上升为九五不满，于是带领初六与六三与九五爻争讼，因五爻中正当位而讼败。九二为坎卦主爻，坎为逃，故说归逋。初、三两爻皆有应爻，故不逃而无眚。

六三：食旧德，贞厉终吉。或从王事，无成。

《象》曰：食旧德，从上吉也。

【译文】六三：享用先人德业，继承先人的遗志，虽然艰难，但最终是吉利的。如果跟着大家与王朝作对，不会成功。

《象传》说：食旧德，说明六三能力不够，只有顺从朝廷才能获得吉利。

【按语】六三没有参与卦变活动，在卦变前就是阴爻处三公之位，并且一直处互离光明之中，故言食旧德。因为卦变前，睽卦只是意见不合，但互不干涉；卦变后成了争讼的形势，在争讼的大势下保持沉默是非常艰难的，故说贞厉。

九四：不克讼，复即命①，渝安贞，吉。

《象》曰：复即命，渝安贞，不失也。

【译文】九四：争讼失败，重新接受之前的使命，变得安分忠贞，获得吉祥。

《象传》说："复即命渝安贞"，说明安守新形势下的职位不会有失误。

【注释】①复：返回。即：接受。

【按语】九四在睽到讼的卦变前，上承六五阴爻，为弱主身边的强臣，可以把持朝政；卦变后五爻变成了阳爻，九四就会失去以往的威风，故因失落而争讼。卦变前九四处互坎之中，变后处互巽之中，坎为险、为败、为逃，故言不克讼；巽为变、为顺、为命，故说复即命而得吉。

九五：讼，元吉。

《象》曰：**讼元吉，以中正也。**

【译文】九五：因争讼获得尊位，大吉大利。

《象传》说："讼元吉"，因为九五居上卦中位，犹如刚健之人持守中正之道。

【按语】九五阳刚中正，来自睽卦初爻，虽然引起大家争讼，但是改变了火泽相睽的局面，使离日变成乾天，离为附丽，乾为自强，符合大道的运行，故吉祥。

上九：或锡之鞶带[①]，终朝三褫之[②]。

《象》曰：**以讼受服，亦不足敬也。**

【译文】上九：因逞强好讼被赐予玉带，一天被赐多次，又多次被剥夺。

《象传》说：因为争讼被赏赐服饰，是不值得尊重的。

【注释】①鞶（pán）带：佩玉的皮革腰带，大夫以上的官员才可系。②终朝：终日，即一整天。褫（chǐ）：剥夺。

【按语】上九为乾卦的外爻，乾为金、玉、衣，有鞶带之象。上九是阳居阴位，并高高在上，对九五的到来不满而争讼。阳刚中正的九五，为了稳住大局，先对上九予以赏赐，当局势一稳定就将赐物夺回。上九若为此下应六三，就会被陷入坎险，最终得不偿失。

卦七　地水师

师[1]**，贞丈人吉**[2]**，无咎**。

【译文】师卦讲述用兵之道，由德高望重、富有经验的统帅指挥，没有咎害。

【注释】①师：本义为军队。《说文》："师，二千五百人为师。"师卦为上坤下坎，喻示表面安静、内藏凶险。②贞：一心一意为国为君效力。丈人：军队的总指挥。丈：古同"杖"，即手持指挥棒。

《彖》曰：**师，众也。贞，正也。能以众正，可以王矣。刚中而应，行险而顺，以此毒天下**[1]**，而民从之，吉又何咎矣？**

【译文】《彖传》说：师，是众多人组成的军队。贞，指忠正不渝。能够将众人组织成忠正不渝的军队，就可以成就王业。刚健中正而上下相应，在遇到险境时就能顺利通过。用以战止战的方式来督治天下，百姓就会乐意追随。这是吉祥之象，哪有什么灾祸呢？

【注释】①毒：通"督"，治理。

《象》曰：**地中有水，师。君子以容民畜众**[1]。

【译文】《象传》说：师卦卦象是地中积蓄了很多水，象征兵众和军旅。君子应该效法大地容纳江河的胸怀，爱护百姓，积蓄民力。

【注释】①畜：通"蓄"，积蓄。

初六：师出以律，否臧[1]，凶。

《象》曰：师出以律，失律凶也。

【译文】初六：出征前应该整顿军纪。如果士兵不服从军纪，就会有凶险。

《象传》说："师出以律"，说明发兵出战应该整顿军纪，失去军纪的约束就会有凶险。

【注释】①否臧（pǐ zāng）：不遵守纪律。否：非，不。臧：臣服，本义是奴隶。

【按语】师卦变自复卦，复卦的初九升为九二，率众以行险，设伏以用兵。师卦初六是复卦六二下行到初位，把之前的初九往外推出成九二，故言"出"。卦变后下卦成坎，坎为水，水的平面可以为法、为律，又在师卦之中，故言"师出以律"。初六地位卑微又无实力，若不遵守纪律就会陷入坎险之中。

九二：在师中，吉，无咎。王三锡命[1]。

《象》曰：在师中，吉，承天宠也[2]。王三锡命，怀万邦也[3]。

【译文】九二：在军中任统帅，吉祥，没有过咎。君王多次予以赏赐、颁发嘉奖令。

《象传》说："在师中吉"，因为得到君王的宠爱。"王三锡命"，说明主帅的胸怀能容纳万国。

【注释】①锡：同"赐"，赏赐。赐命：颁发嘉奖；又指登坛拜将，行周礼中的"三命"，一命受职，再命受服，三命受位。②承：得到，接受。③怀：怀柔招来。邦：诸侯国。

【按语】此时军旅已经出发，战争已经开始，在九二（丈人）的指挥下，上下一心，自然吉祥。君主六五对九二深信不疑，委以全权。九二居下坎中位，坎为险、埋伏，可代表

能率众行险、设伏用兵的边疆主帅。九二又是唯一的阳爻和下坎的主爻，坎是阳爻占据坤卦中位，上卦也为坤，坤为顺服，故师卦有众阴爻归顺九二之象，喻指万国臣服。九二阳居阴位，被众阴爻所依赖，有功高震主之危，好在将在外君令有所不受，如果在朝廷就会很凶。

六三：师或舆尸[①]，凶。

《象》曰：**师或舆尸，大无功也**。

【译文】六三：在与敌军交锋时，六三（大将）若指挥失误就会导致吃败仗，甚至尸横遍野，非常凶险。

《象传》说：军队出征，有人载尸而归，说明六三不听从指挥、无功而返。

【注释】①舆：车辆，用车装载。

【按语】六三阴柔居三公之位，不中不正，德不配位。如果六三与敌军交战，自己却没有作战的能力；如果六三不与敌军交战，就会引起天子怀疑而被废除，从而另立他人；横竖是凶。六三同时居坤、坎、震之体，坤为死、坎为尸、震为舆，六三下乘一阳一阴，为舆尸之象。

六四：师左次[①]，无咎。

《象》曰：**左次无咎，未失常也**。

【译文】六四：军队在左边扎营，没有危险。

《象传》说：军队在左边扎营，没有危险，因为六四爻以阴居柔，自身得正，又处“多惧”之位，善于总结经验，在不利之时选择有利地形采取守势，或者有秩序地撤退，保住了军队的生命力，护卫王室的安全，并没有违背正常的用兵之道。

【注释】①左次：较长时间内将军队驻扎在左边。左：

阳也，阳主生。次：驻扎。《左传》："凡师一宿为舍，再宿为信，过信为次。"

【按语】六四阴柔当位，在互卦震体，下乘坎卦，上居坤中，震为东为左，坎为水为险，坤为顺为国土，故有进退适时，保护兵力，守卫国土和王室之象。

六五：田有禽[1]，利执言，无咎。长子帅师，弟子舆尸，贞凶。

《象》曰：**长子帅师，以中行也。弟子舆尸，使不当也。**

【译文】六五：抓到俘虏时，先用言审讯；敌军主动挑衅时，先礼后兵；那样就不会有过咎。尽管统帅英明，如果配上无能的将军，用人不当，也会有凶险。

《象传》说：以长子指挥军队，那是依正道行事。弟子战败阵亡，那是因为差遣不当。

【注释】①田：通"畋"，狩猎，作战。禽：通"擒"，捉拿，俘获。

【按语】六五居天子之位却柔弱无能，好在大家顺从，无人反对，所以在处理问题时只用动嘴不用动手，故说利执言。师卦从复卦变来，下卦由震变为坎，为长子进入中军之象，故言长子帅师。六三阴柔不当位，为弟子舆尸之象。国君用人需要着眼全局，如果副将只尸位素餐或从中作梗，就算主帅忠贞有能，也会遇到凶险。

上六：大君有命[1]，开国承家[2]，小人勿用。

《象》曰：**大君有命，以正功也。小人勿用，必乱邦也。**

【译文】上六：遵照先王的遗命论功行赏，有人被封为诸侯，享有封国；有人被封为大夫，享有采邑；但是，不能委派小人去落实。

《象传》说："大君有命"，那是在论功行赏。"小人勿用"，因为小人必定覆国乱邦。

【注释】①大君：宗庙，先王。先王有未竟之命，战争结束后，国王会去宗庙拜祭祖先，禀告战争已结束、先王遗愿已实现的喜事，如武王伐纣之后拜祭文王。②国：与邑同义。开国：封邑，分封诸侯便有封邑。家：卿大夫的采地食邑。承家：分封大夫便有采邑。

【按语】上六阴柔当位处宗庙之爻，又为坤母上爻，有大君、先王之象。古代出师、献捷、册封颁赐，多在宗庙举行仪式，表示天子不敢自专，需要请求先王和神明的旨意。师卦为下坎上坤；坎为一阳居两阴之中，为乾阳进入坤阴，有将阴爻分开之义；坤为国，为家；故言开国承家。

卦八　水地比

比[1]，吉。原筮，元永贞[2]，无咎；不宁方来，后夫凶。

【译文】比卦为彼此亲比、团结互助，象征着吉祥。为了开国承国，在高平宽广的地方卜筮；只要初心正，并且长久坚持相互亲比，就不会有过咎；如果在自身不保时才来亲比，那样迟迟不来就会有凶。

【注释】①比：字形与“从”相反，喻指细思后跟从。②元：初始。

《彖》曰：**比吉也。比，辅也，下顺从也。原筮，元永贞，无咎，以刚中也。不宁方来，上下应也。后夫凶，其道穷也。**

【译文】《彖传》说：比卦吉祥。比，意思是辅佐，下属顺从上司。“原筮，元永贞，无咎”，因九五刚毅中正并居尊位，众阴承顺而与之亲比。“不宁方来”，表明上下呼应的状态。“后夫凶”，说明在孤立无援、形势被动时无路可走。

《象》曰：**地上有水，比。先王以建万国，亲诸侯。**

【译文】《象传》说：下坤上坎，坤为地，坎为水，地上有水；水得地而聚积、流行，地得水而受滋润；水附大地，地纳江海；先王观此卦象而封建万国，安抚、亲近诸侯。

初六：有孚，比之，无咎。有孚，盈缶，终来有它吉。

《象》曰：**比之初六，有它吉也**。

【译文】初六：诚实守信地亲比，不会有咎害。与人交往时，心里总是充满真诚和热情，给人斟酒时总会恭敬地将酒杯斟满，最终会得到意外的吉利。

《象传》说：初六以诚信造端发轫，久则人信之，必有意外之吉，人生终能致远。

【按语】初六位卑无能，只有与六二、六三搞好关系，以成坤卦的承载之德。坤为器、为缶，坎水流入坤缶，水满则实，故曰有孚盈缶。坎水能流入坤缶，是因为九五与六二两爻居中当位，初六若不与六二、六三合作，就得不到九五的恩泽。初六处边远地区，却因六二的运作而获吉，属意外之吉。

六二：**比之自内，贞吉**。

《象》曰：**比之自内，不自失也**。

【译文】六二：发自内心地效忠，坚持下去可获吉祥。

《象传》说："比之自内"，说明没有迷失自我。

【按语】比卦是从豫卦变来，在豫卦中，六二与六五敌应，卦变后，六二与九五阴阳正应。六二本来居互艮的山脚之下，卦变后，来到了高平宽广的坤卦原野，可以尽情施展自己的才能，所以会发自内心地从众阴中挺身而出，率领众阴效忠九五。但是，六二不能因得宠而失原则，守贞才能得吉。

六三：**比之匪人**。

《象》曰：**比之匪人，不亦伤乎？**

【译文】六三：不像常人一样懂得亲比。

《象传》说："比之匪人"，那不是很悲伤的事吗？

【按语】六三以阴居阳，犹如不听话的太子，不像

六二、六四、上六那样阴柔得位、循规蹈矩。在卦变前，六三虽不当位，但与九四相邻；卦变后，上下皆阴，又无应爻，如同在茫无边际的原野上找不到一个志同道合的人；并且，六三还处在互艮山脚，被众阴包围，根本看不清外面的世界。

六四：外比之，贞吉。

《象》曰：外比于贤，以从上也。

【译文】六四：内无呼应，只能外比九五，坚守正道则吉利。

《象传》说：向外部亲附贤明的国君，因为下级应该服从上级。

【按语】六四阴柔无力，内卦没有应爻，又处坎险之中，必须依赖九五的庇护。六四忠贞于九五，体现上卦坎水的柔顺之性，属于遵循天道，故能得吉。

九五：显比。王用三驱，失前禽，邑人不诫，吉。

《象》曰：显比之吉，位正中也。舍逆取顺，失前禽也。邑人不诫，上使中也。

【译文】九五：彰显美好的状态让人来依附。君王采用三面包围的方法狩猎，网开一面，有意放走逃奔的野兽。百姓也不用戒备警惕。此为吉祥之兆。

《象传》说：九五彰显亲比而得吉，是因为位置刚正适中。舍弃违逆取其顺从，就是有意放走逃奔的野兽。百姓对君王狩猎毫不惊惧，因为君王平时行事端正。

【按语】九五爻是从豫卦的四爻上行到五爻，获得尊位后众阴亲比，为显耀之象。五爻原在豫卦的上震中，震为动、为善鸣之马，变为坎，成弓矢，下乘原野之坤，为畋猎驱逐之象。九五下应六二，又与六四、上六邻应，一阳应三阴，

吸取三方的经验，故言三驱。从下到上为顺，从上到下为逆，上六以阴乘阳，以“前人”自居，与道义相逆，九五难以与之亲比，故言失前禽。坤为邑人，又为大地，大地无所不包，无所不载，故言不诫。

上六：比之无首，凶。

《**象**》**曰：比之无首，无所终也。**

【**译文**】上六：不以九五为首，因孤立无援、被迫才去亲比，这是非常危险的事。

《象传》说：“比之无首”，说明藐视领导，目中无人，不会有好下场。

【**按语**】上六在豫到比卦的卦变过程中一直居全卦最高位，如同功勋卓著的元老，对九五的晋升心怀不满，迟迟不肯前去亲比，独处坎险之极，故凶。

卦九　风天小畜

小畜[1]，亨。密云不雨，自我西郊。

【译文】小畜卦：积蓄会变得亨通顺利。天空已积满乌云，可是还没有下雨，乌云是从西郊飘过来的。

【注释】①小：指阴爻六四。畜：通“蓄”，积蓄。畜字上玄下田，玄为水，与田组合，为田中蓄水以养禾之义。畜又有被牵引、被驯服之义。畜的本义为家畜，甲骨文为会意字，形状好似牛鼻被牵着，喻指家畜已被主人驯服豢养。小畜：指六四以一阴应五阳，势单力薄，只能一点一点积蓄；上巽下乾也为外柔内刚、养精蓄锐之象。

《彖》曰：**小畜，柔得位而上下应之，曰小畜。健而巽，刚中而志行，乃亨。密云不雨，尚往也。自我西郊，施未行也。**

【译文】小畜卦，柔爻居四得位并与上下的阳爻呼应，这就叫做小积蓄。下乾为健，上巽为顺，刚健上行却表现柔顺，并且上下卦皆阳刚居中、决意要施展抱负，所以亨通。密云不雨，是在鼓励人努力上行。自我西郊，是说九五还未颁发下雨的旨令。

【按语】亲比在一起一定会有所积蓄，所以比卦后面接着是小畜卦。“大”通常指阳气阳爻，“小”通常指阴气阴爻。小畜卦中众阳爻呼应六四阴爻，可六四只应九五，犹如忠诚的宰相，虽然深受百姓的爱戴，但对国事的决定都会请示天

子。卦象为上巽云下乾天，卦辞用“密云不雨”，喻示下雨的决定权在天而不在云。

《象》曰：**风行天上，小畜。君子以懿文德**[1]。

【译文】《象传》说：上巽下乾，为风在天上飘行之象。天假风以显慈之德，风替天传旨之意。巽为风又为鸡，乾为天又为马，风行天上，喻示让人民畜养鸡马的政令迅速传遍天下。君子观此卦象，文饰自己的仪表、气度、品行，以彰显对天子的效忠。

【注释】①懿（yì）：柔美。效忠天子的柔美之德为懿德。

初九：复自道，何其咎？吉。

《象》曰：**复自道，其义吉也**。

【译文】初九：由原路返回，复归本位，会有什么灾祸呢？是吉利的。

《象传》说：回归本位，从道理上讲，初九的行为是合适的，可以获得吉利。

【按语】初九地位卑微却刚健好动，想与六四呼应，发现六四被众阳包围而返回。乾为圆、为天道，天道循环往复，初九居乾体、循天道，自然吉祥。

九二：牵复。吉。

《象》曰：**牵复，在中，亦不自失也**。

【译文】九二：牵着大家返回，吉利。

《象传》说：牵引着返回而得吉利，因为九二处于下卦中位，以刚守柔，审时度势，没有迷失自我。

【按语】九二刚以柔用，因不当位而低调，本想争呼六四，与九三、六四互成兑悦；只因与九五敌应，必须防止兑悦变成兑毁，于是牵着初九一起复归阳刚的乾元之中，反求诸己，自强不息而得吉。

九三：舆说辐[①]。夫妻反目[②]。

《象》曰：夫妻反目，不能正室也[③]。

【译文】九三：刚愎自用，执意追求六四，而六四只应九五，如同大车脱落了辐条，又像夫妻反目不和。

《象传》说：夫妻反目，说明不能治理家庭。

【注释】①舆：车辆。说：同“脱”，脱落。辐：车轮上连接车辋与车毂的直条，这里指车轮。②夫妻反目：夫妻发生口角。③正：使之端正。室：家室，即妻子。

【按语】九三与六四共处离卦和兑卦，离为目，兑为毁，有反目之睽象。九三刚健当位，处上下卦交际之处，下乾为车轮，上巽为车身，九三不接受六四的管制，致使车轮脱离。

六四：有孚，血去惕出[①]，无咎。

《象》曰：有孚惕出，上合志也[②]。

【译文】六四：阴柔当位，心怀诚信，又能洞悉众爻心理，因初、三、五皆追求自己而恤（忧虑），得知三人身正不会乱来而恤去，但仍须保持警惕，说话不越权，做事不越位，才能没有灾难。

《象传》说：心怀诚信却保持警惕，说明六四以柔止刚，尚能统一思想。

【注释】①血：即恤，忧患。惕：警惕。血（恤）去惕出：忧患虽去，但戒惧不除。②上：尚且。合：统一。志：思想，意志。

【按语】六四以一阴制五阳，其中九二、上九为阳居阴位，容易做事过头，不好管制，好在上九处巽体，巽为鸡，九二处兑体，兑为羊，皆为容易驯服之畜，故无咎。

九五：有孚挛如[1]**，富以其邻**[2]。

《象》曰：**有孚挛如，不独富也**。

【译文】九五：与六四真诚相应，如同邻居，因此，自己以及国家都获得了富裕。

《象传》说："有孚挛如"，是说不想自己独自富有。

【注释】①挛：拘系，捆绑。挛如：拘系相联的样子。②以：因为，依靠。

【按语】九五阳刚居尊位，又为巽卦中爻，持中守正，一心为民造福的政令如风行天下一样深入民心，获得大家的拥护。然而，其成功的主要原因是得力于身边的六四。

上九：既雨既处[1]**，尚德载**[2]**，妇贞厉**[3]**，月几望**[4]**，君子征，凶**。

《象》曰：**既雨既处，德积载也。君子征凶，有所疑也**。

【译文】上九：已经雨停水满，大地满载上天的德泽，妇人若珍藏不厌会很艰难，应效法只亮不圆的月亮，若像君子一样征战必遇凶。

《象传》说：雨停水满，说明德泽的积累已高出承载能力。君子征战有凶险，是因为功高盖主，已被九五猜疑。

【注释】①既：已经。处：停止，聚集。②尚：高出，超出。③贞：珍藏。厉：危险。④望：月圆，农历每月十五日前后。

【按语】上九处巽卦外爻，巽为鸡，下乘乾卦，为鸡飞上天之象。鸡只适合在地上走，飞到天上难免被摔。上九为积蓄到最后之爻，既已降雨，就应当安于现状，不可再贪得无厌，要懂得适可而止的道理。上九以阳爻居于阴位，失位，而且为巽外爻，巽为利、为妇、为进退、为不果，不能守持中道，过度积蓄，故说贞厉、凶。

卦十　天泽履

履[1]，履虎尾，不咥人[2]，亨。

【译文】履卦：依礼而行如同跟在老虎后面，小心谨慎，瞻前顾后，不即不离，未被老虎咬，亨通无碍。

【注释】①履：原经文无此字，现代学界据经义补。履为卦名，兑下乾上，乾为天，兑为雨泽，天下雨，为上天履行自己的职责。②咥（dié）：噬，咬。

《彖》曰：**履，柔履刚也。说而应乎乾，是以履虎尾，不咥人，亨。刚中正，履帝位而不疚，光明也。**

【译文】《彖传》说：履，意为阴柔者礼貌地紧跟阳刚者后面。兑卦应该和悦地顺应着乾卦，所以卦辞说“履虎尾，不咥人，亨”。九五爻具有刚健中正之德，身居帝王之位而心安理得，其行为和心地都正大光明。

《象》：**上天下泽，履。君子以辨上下、定民志。**

【译文】《象传》说：履卦为上乾天下兑泽，高者无若天，低者无若泽，有高低分明、尊卑有序、依礼而行之象。君子观此卦象，从而分别上下尊卑，使人民循规蹈矩、安分守己。

初九：素履，往，无咎。

《象》曰：**素履之往，独行愿也。**

【译文】初九：穿着朴素的鞋子前往，不会有过咎。

《象传》说：穿着朴素的鞋子前往，是说初九能清白自守、依礼而行，没有攀附权贵的意愿。

【按语】初九地位卑微，但阳刚当位，处泽水最下，只会安分守己，静处湖底或顺势下流，不会趋炎附势、巴结不当位的领导。

九二：履道坦坦，幽人贞吉。

《象》曰：幽人贞吉，中不自乱也。

【译文】九二：胸怀坦荡，依礼而行，幽而不显，自然吉祥。

《象传》说：隐居之人洁身守正，因为他们持守中道，心性不乱，不被世俗所惑。

【按语】九二居离体，离为光明，上承巽卦，巽为林木，有光明被遮之象，故言幽人。九二为阳居阴位，能力胜过职位，处下卦泽水中位，水性下流，又处互睽之中，有侧目睽视世人、幽而不显、同流不合污之象。

六三：眇能视，跛能履，履虎尾，咥人，凶。武人为于大君。

《象》曰：眇能视，不足以有明也。跛能履，不足以与行也。咥人之凶，位不当也。武人为于大君，志刚也。

【译文】六三：眼睛有毛病却要看物，脚有毛病却要行走，犹如跟着老虎走却不遵守规则，终将为虎所伤，这是凶险之事。像武人一样刚愎自用，是因为六三阴爻自以为“物以稀为贵”，不理解其他五个阳爻（大君）的扶植之苦心。

《象传》说：“眇能视”，是说视力不足以辨物。“跛能履”，其脚力不足以与人同行。之所以会有老虎伤人的凶险，因为六三阴爻居于阳位，所处不当。像武人一样刚愎自用，是因为大家的宠爱使六三形成刚烈的性格。

【按语】六三为阴爻居三公之位，德不配位，却八面玲珑，同时处兑、离、巽三卦之体，又与上九正应，一阴履五阳，不中则眇，不正则跛，看不清大家的真实面目，又过于自我陶醉，忘却三公武人应效忠君主的职责，故凶。

九四：履虎尾，愬愬[①]，终吉。

《象》曰：愬愬终吉，志行也。

【译文】九四：跟在老虎尾巴后面，感到恐惧害怕，最终平安吉祥。

《象传》说：恐惧警惕，终归于吉，说明虽历磨难，但志愿能够实现。

【注释】①愬愬（sù）：恐惧的样子。

【按语】九四处乾卦下爻，下乘兑卦，乾为老父、猛虎，兑为斧钺、少虎，以阳刚居阴位，为身陷两虎之中、危险重重之象。好在九四为近君之臣，又为互巽中爻，如同德才兼备的宰相，小心翼翼地依礼紧随九五之虎君，虽艰难，终吉祥。

九五：夬履，贞厉。

《象》曰：夬履贞厉，位正当也。

【译文】九五：刚毅果决地履行自己的职责，坚持推行礼法，过程非常艰难。

《象传》说："夬履贞厉"，是因为九五居中正至尊之位。

【按语】九五阳刚中正，是在群阳逐阴的局势下推行礼法的君主，然而下无应爻，以巽卦传政令，百姓却以兑卦来应对，兑为斧钺兵器、西虎、口舌、少女，为口服心不服之象，故言贞厉。

上九：视履考祥，其旋元吉。

《象》曰：元吉在上，大有庆也。

【译文】上九：审视大家履行职责的情况，思索大家的得失征兆，转身下应六三，至为吉祥。

《象传》说：大吉大利，因为上九居全卦最上，经验最丰富，经得起大家的监督，预兆其人将有重大喜庆之事。

【按语】上九下应六三，而六三随机应变，能以少女、中女、长女不同身份去说服四个阳爻，使众爻皆遵循宗庙之礼；并且，上九为阳居阴位的宗庙爻，为履礼事神致福之爻，故言元吉。

卦十一　地天泰

泰，小往大来，吉，亨。

【译文】泰卦：小的去了，大的来了，此时地上阳气上升，天上阴气下降，阴阳相交和畅，喻示吉祥、亨通。

【按语】乾为天、为阳、为上升、为君王，坤为地、为阴、为下降、为百姓，乾下坤上，即阳下阴上、冲气为和、与群众打成一片之象。深入群众，夯实基础，上下交融，自然通泰。乾本来在上，坤本来在下，把坤捧在上面就会使之不断进取，以达全局的安定；否则，上下不交，就属脱离群众，就难以维持安定。

《彖》曰：**泰，小往大来，吉，亨，则是天地交而万物通也，上下交而其志同也。内阳而外阴，内健而外顺，内君子而外小人，君子道长，小人道消也。**

【译文】《彖传》说："泰，小往大来，吉亨"，因为上卦为坤、为地、为臣，下卦为乾、为天、为君；上坤下乾，天地交感，万物各畅其生。君上与臣下的沟通，是在向同一个目标努力。阳在内，阴在外，阳气主动而阴气顺从，就像君子在内掌握着朝纲，小人在外面听从君命。君子的影响会逐渐扩大，小人的影响会逐渐衰减。

《象》曰：**天地交，泰。后以财成天地之道[①]，辅相天地之宜，以左右民[②]。**

【译文】《象传》说：天地间阴气与阳气相交就会通泰。君王应该根据天地自然的规律制定出合理的社会制度，辅助天地自然之所宜，以此保护天下百姓。

【注释】①后：君主，帝王。财：通“裁”，裁剪，制定。②左右：佐佑，保佑。

初九：拔茅茹[1]，以其汇，征吉[2]。

《象》曰：拔茅征吉，志在外也。

【译文】初九：正月的茅草根向上长芽，根系汇集在一起，共同征进可得吉祥。

《象传》说：“拔茅征吉”，说明如同茅根一样同心协力共同奋斗而得吉，是因为他们的志向在地面之上，心怀天下。

【注释】①拔：植物长出地面。茹：植物的地下部分的根。②征：向某地进发。

【按语】阳气原本来自天上，在泰卦里却被压在地下，时至春天，阳气就开始往地面进发。初九刚健得位，但为最下面的阳爻，如同安居地下的、生命力非常强大的、心怀天下有团队意识的、春天的茅草根，一旦被上卦六四荐举，就会引领九二、九三共同并进，众志成城自然吉利。泰卦上面三阴爻形似地面上的茅草，下面三阳爻形似地下的茅根。

九二：包荒[1]，用冯河[2]，不遐遗[3]。朋亡，得尚于中行[4]。

《象》曰：包荒，得尚于中行，以光大也。

【译文】九二：度量宏大，徒步涉河，不因路途遥远而有所遗弃。不结党营私，是为了达到持中上行的目标。

《象传》说：其人度量宏大，持守中道努力上行，因为他光明正大而得到同路人的拥戴。

【注释】①包：包含，指人的度量。荒：广大。②冯（píng）：徒步涉水。③不遐遗：即不遗遐，不因遐远而遗弃。④得：达到，实现。尚：愿望，目标。

【按语】九二是阳居阴位，能力大于职位，所以能包纳荒远（包上下可成乾健，往上包可成兑悦），既有像徒手渡河那样的勇气，不畏艰难险阻；又有无远弗届的决心，不会因为路途遥远、位置荒僻而有所遗弃或遗漏。因此，天下朋党消亡，可以实现中道上行的泽民愿望。

九三：无平不陂[①]，无往不复。艰贞，无咎。勿恤其孚[②]，于食有福[③]。

《象》曰：**无往不复，天地际也[④]。**

【译文】九三：没有总是平坦而没有斜坡的道路，也没有只能去到远方而不能返回的道路。在困难中发展人脉、持守正道，就会无咎。不用为诚信担心，只要尽力守食保泰，自有鬼神默默呵护。

《象传》说："无往不复"，说明离去必定复返是阴阳交替的法则。

【注释】①陂（bēi）：斜坡。②恤：担忧。③福：赐福，保佑。④天地：阴阳。际：交接，替换。

【按语】在时间上，九三处阴阳相交之际、变化莫测之时；在空间上，九三处于朝野交往的纽带之地；九三的一切行动都在鬼和神、小人和大人的监视之中；只有持守忠贞，才能实现自己的心愿，才能无咎。九三诚信不移地守食保泰，既能接受九二和六四的亲近互成兑悦的谋食卦，又能向上与六四、六五互成震动的谋道卦。只要九三稳住九二和六四，就会使兑食不变、长保通泰。

六四：翩翩，不富以其邻，不戒以孚。

《象》曰：**翩翩不富，皆失实也。不戒以孚，中心愿也。**

【译文】六四：翩翩地主动往下飞，身居高位却不富有，是因为受到邻居九五的影响；大家都不戒备，是因为相互信任。

《象传》说："翩翩不富"，说明大家都没有可以依靠的阳爻。"不戒以孚"，说明大家是发自内心的相互信任。

【按语】六四阴柔当位，本应效忠五爻君主，然而五爻柔弱谦逊，不以尊位自富，带着六四一起深入基层。六四处上下阴阳交际之处，为互兑的主爻，兑为食，是维持全局通泰祥和的关键，所以能得到大家的信任，无人对之防备。

六五：帝乙归妹[1]，以祉，元吉。

《象》曰：**以祉元吉，中以行愿也。**

【译文】六五：洞悉阳气上升不可挡之大势，所以如同帝乙嫁女于姬昌一样降身与九二呼应，因而得福，大吉大利。

《象传》说："以祉元吉"，说明六五居中行正，不以尊自富，屈身下行，只为维持通泰的心愿。

【注释】①帝乙：殷帝名乙，纣王之父。归妹：嫁女。归：嫁。妹：少女之通称。

【按语】六五为全卦的首领，只因自身柔弱，身处互震的外爻，容易顺着震卦上行，很难实现阴爻下行与九二相应的心愿，好在下乘互兑，兑为妹、为食、为福、为泽，可顺泽水下流，故言归妹以祉。

上六：城复于隍[1]。"勿用师"[2]，自邑告命。贞吝。

《象》曰：**城复于隍，其命乱也。**

【译文】上六：城被攻破了，城墙倒塌在护城壕里，从国都传来“不要用兵”的命令。自己忠贞守正，与敌军拼杀，是艰难又危险的。

《象传》说：“城复于隍”，城墙攻破倒塌在护城壕里，本应乘势攻击，上面却命令不要用兵，这是邑中传来的命令错乱了。

【注释】①复：通“覆”，崩塌。隍：没有水的护城壕。②师：军队。用师：采取军事行动。

【按语】上六为坤卦上爻。坤为众、为顺、为城、为平原。城墙为高出地面的阳爻。在泰卦里，阳爻被埋在阴爻下面。上六居全卦最上，如同国家元老处在无城墙的城里，身边已没有依靠，为泰极否来之象。上六下应九三，致使震马冲进坤城，城门失守，城墙倒塌。全卦为阴乘于阳，为命乱之象。上六虽阴柔当位，却已属退休老人，挂帅迎敌也无济于事。

卦十二　天地否

否[1]，否之匪人[2]，不利，君子贞，大往小来。

【译文】否卦：在穷困不通、行为不正的人当道之时，对君子很不利；但是，君子更应当坚守正道，因为此时贤人都往外隐藏，小人都来争利。

【注释】①否：会意字，上“不”下“口”，喻示有口不能言；又表示凶荒、万民不得口食。②之：生出，滋长。匪人：行为不正的人。

《彖》曰：**否之匪人，不利，君子贞，大往小来，则是天地不交而万物不通也，上下不交而天下无邦也；内阴而外阳，内柔而外刚，内小人而外君子；小人道长，君子道消也。**

【译文】《彖传》说：“否之匪人，不利，君子贞，大往小来”，说明这时天地不能交感，万物闭塞不通；君臣也不能上下交流，国家面临衰微灭亡。阴在内而阳在外，柔在内而刚在外，就是小人在内而君子在外的状况。随着小人影响力的扩大，君子的影响力势必衰微。

《象》曰：**天地不交，否。君子以俭德辟难[1]，不可荣以禄。**

【译文】《象传》说：天上地下，阴阳之气不能交合，为否闭之象。此时君子应该收敛才华，避开危险的境地，谋道不谋食，不能以利禄为荣。

【注释】①俭：不放纵，收敛。俭德：以俭为德。辟：同“避”。

初六：拔茅茹，以其汇，贞吉，亨。

《象》曰：拔茅贞吉，志在君也。

【译文】初六：七月的茅草根为了茅草的生长，根系汇集在一起，共同守正不动才能吉祥亨通。

《象传》说："拔茅贞吉"，说明茅草根为了茅草的生长而抱团守静，志在为君子效力。

【按语】否卦与泰相错又相综；上面三个阳爻，形似地面上茂盛至极开始变黄的茅草；下面三个阴爻，形似地下因茅草的摇摆而开始松动的茅根。初六阴柔居否卦最下，犹如茅根的末梢。在阳气上升、阴气下降、阴阳分离的七月间，茅根的末梢，只有抱团守静，才能等到来年的生发机会。

六二：包承[1]，小人吉，大人否亨。

《象》曰：大人否亨，不乱群也[2]。

【译文】六二：君子被大家包围着奉承，此时小人得吉，大人困顿难通。

《象传》说："大人否亨"，说明君子不应该与小人为伍。

【注释】①承：奉承。②乱：任意，随便。群：聚集，联合。

【按语】六二的上下皆为阴爻，又处艮山之脚，上承巽木，有被小人包围、山阻树遮、困顿难通之象。但是，六二阴柔中正，上应九五，不会被环境左右，如同君子进入小人之群。

六三：包羞。

《象》曰：包羞，位不当也。

【译文】六三：被包围于山中不能与上九相应，职位高于六二却才德不及六二，所以羞愧。

《象传》说："包羞"，因为才德不配其位。

【按语】六三阴居阳位，与上卦三个阳都能发生关系（与九四同处艮卦，与九五同处巽，与上九阴阳正阴），犹如软弱无德的三公却欲壑难填，什么都想抓到，因为能力不足，致使艮手变成艮阻，最终两手空空而被羞。

九四：有命无咎[1]，畴离祉[2]。

《象》曰：**有命无咎，志行也。**

【译文】九四：奉命行事不会有过咎，耕田必须依附上天赐福祉。

《象传》说："有命无咎"，说明心志能够推行。

【注释】①命：命令，使命。②畴：耕治之田，即坤卦。离：依附，倚靠。祉：降福，眷顾。

【按语】九四阳居阴位，能力大于职位，为巽卦（命令）的中爻，对九五唯命是从，故无过咎。居艮山最上，挡住了下面三个阴爻，三个阴爻的福祉都依附于九四。

九五：休否[1]，大人吉[2]，其亡，其亡，系于苞桑[3]。

《象》曰：**大人之吉，位正当也。**

【译文】九五：努力结束闭塞不通状态，可保大人无恙，但其爵位是危险难保的，危险难保的，好像系在柔弱的桑枝上的花苞一样。

《象传》说："大人之吉"，说明九五才德正当其位，所以能在否闭的形势下安然无恙。

【注释】①休：停止。②吉：没有危难。③系于苞桑：比喻职位危危欲坠，很难抵挡阴气上长的大势。

【按语】九五努力向下与九四、六三互成巽卦之书信，为六三与上九建起了信息通道，解决了上下否塞的局面，但是，屈尊下求会使自己的威严和权力受到威胁。

上九：倾否[1]，先否后喜。

《象》曰：否终则倾，何可长也！

【译文】上九：否闭状态终会倾覆，先遇恶运后交好运。

《象传》说：闭塞达到极点后必然会倾覆，怎能保持长久呢！

【注释】①倾：倾覆；又通“顷”，即顷刻。

【按语】上九与六三阴阳正应，而六三处巽体，巽为陨落；六三又以一阴承三阳，上重下轻；故有倾覆之象。上九下行求应六三，六三却为艮卦中爻，艮为山为阻，故不能相应；好在九五鼎力相助，与下面两爻互成巽卦之书信，使上九与六三得以沟通，故言先否后喜。

卦十三　天火同人

同人，同人于野，亨。利涉大川，利君子贞。

【**译文**】同人卦：在野外与人会同，举行祭祀，有利于涉越大江大河、出征伐罪，有利于君子遵从天地大道。

【**按语**】上乾下离，是一幅火光冲天、兵火燎原的景象，喻示顺应天道有利于出征伐罪。在出征前举行祭祀，才会师出有名；师出有名，才能上下同心。因为战争为不祥之事，胜败双方都会有损失，得胜后也要“按丧礼处之”，不能“乐战”“好战”，故言利君子贞。

《彖》曰：**同人，柔得位得中而应乎乾，曰同人。同人曰：同人于野，亨，利涉大川，乾行也。文明以健，中正而应，君子正也。唯君子为能通天下之志。**

【**译文**】《彖传》说：同人，六二阴柔居于下卦中位，上承两个互乾卦，对天地大道极度遵从，就是同人的卦象。同人卦辞说：“同人于野，亨，利涉大川”，因为这样的举措顺乎天意。上乾下离为文明刚健之象。九五阳爻居上卦中位，六二阴爻居下卦中位，互相应和，为君子行于正道。只有君子的心志能够与天下人相通。

《象》曰：**天与火，同人。君子以类族辨物**[1]。

【**译文**】《象传》说：同人卦为上乾下离，即天上的太阳与地上的火。它们都无私地给人们光明和温暖。上乾为天为君王，下离为火为臣民，喻示着君王上情下达，臣民下情上达，君臣意志和同。君子因此效法火光，明烛幽隐，辨析事物。

【注释】①类：分析，区别。族：族类，种类。辨：辨别。

初九：同人于门，无咎。

《象》曰：**出门同人，又谁咎也！**

【译文】初九：同人之初，先做到与门内的家人和同，当然没有咎害。

《象传》说：到门外去聚集众人，谁说会有过错呢！

【按语】初九阳刚当位，但与九四敌应，想去与六二呼应，却遭到拒绝，只好自变成阴爻，形成艮门之卦，于是与六二上下同心。在为正义出征之前，统帅必通过誓师宣布出征意义，鼓舞士气，凝聚军心，初九为地位卑微的士兵，必须服从军令。

六二：同人于宗，吝。

《象》曰：**同人于宗，吝道也。**

【译文】六二：大敌当前，在同族内结党营私，搞小团伙，定会抱恨憾惜。

《象传》说：“同人于宗”，这是狭隘的宗法规则。

【按语】六二阴柔中正，本想上应九五，只因与九三、九四互成巽卦，巽为风、为进退犹豫、为不果，很难与九五相应，只能与身边的两阳相应。然而六二是唯一阴爻，只在野外同人于宗，会引起朝内乾卦的不满。因为正义之战不会只为一己私利，而应为同人于天下、遵循天地大道，若在作战的时候拉帮结派，就会使代天伐罪成为代己伐罪，很难获得民心。但是，一屋不扫就不足以扫天下，同人于天下又得

先同人于宗，故言吝。

九三：伏戎于莽[1]，升其高陵，三岁不兴[2]。

《象》曰：伏戎于莽，敌刚也。三岁不兴，安行也[3]？

【译文】九三：因为前敌刚强，只好将军队隐蔽在深山密林，虽然占领了制高点，但长时间不敢开战。

《象传》说：将军队隐蔽在深山密林，是因为敌人太强大。长时间不能取胜，说明欲斗而力不支，怎能有所作为呢？

【注释】①伏：埋伏。戎：武装、军队。莽：草丛，这里泛指草丛密林。②兴：起、举，这里指克服、拔取。三岁：指多年。③行：作为。

【按语】九三与六二一样，同时处巽、离两卦之体，是众阳爻中与六二相处最易之爻，为木生火而风吹拂之象。然而火光显耀，使自己成为众矢之的。尽管九三处离火之卦最上，毕竟是地上之火，敌方却是天上的太阳，没法匹比，只好隐于林中。

九四：乘其墉[1]，弗克攻，吉。

《象》曰：乘其墉，义弗克也。其吉，则困而反则也。

【译文】九四：已经登上了城墙，获得了初步的胜利，但不杀人放火、行暴抢虐，得民心而吉利。

《象传》说：登上了敌人的城墙后，从道义上讲应该停止进攻。九四阳爻处阴位，不当位，会因忽略原则而被困。只有反躬自省，胜利了也谨遵"按丧礼处之"的原则，才会吉利。

【注释】①乘：登。墉：城墙。

【按语】九四为近君之臣，阳居阴位，不中不正，处互巽上爻，巽为木、为命令，所以仗着权势与九三争应六二。

然而九三阳刚当位，居离卦之体，离为火、为英明，九四直接与九三相争，犹如以木投火，必被火困。好在九四有阳刚之质而兼具阴柔之德，同时处乾、巽两卦之体，乾为天道、为利他，巽为祭祀、为准绳，故能在困境中反躬自省，回头依附乾卦，以乾天之光胜离火之明，终得吉祥。

九五：同人先号啕而后笑，大师克相遇。

《象》曰：**同人之先，以中直也。大师相遇，言相克也。**

【译文】九五：因为战后要以丧礼处之，必然先号啕；因为征战顺应天地之道，师出有名，又发笑；最终与九二胜利会师。

《象传》说：战前能得到大家的拥护，因为是义战。大军会师，说明我军压倒了敌人。

【按语】九五阳刚中正居尊位，又为乾卦的中爻，为正气充盈之象，有同人于天下的宏愿。九五本与六二是正应关系，却被九三、九四隔阻，因而为之痛哭，不得已兴师讨伐。最终九五不但征服了九三、九四，还利用六二管束住下面三个阳爻，使全民和同一心，所以破涕为笑。

上九：同人于郊，无悔。

《象》曰：**同人于郊，志未得也。**

【译文】上九战胜后在郊外祭祀天地，分封行赏，总结经验，振奋民心，有始有终。在外拼杀是为了与内部光明正大的人和同，所以无悔。

《象传》说：同人于郊外，尚不得行其志。因为兵家主张“不战而屈人之兵”，而自己没有达到“不战”的目的，所以“同人于郊”并非自己的真实意愿。

【按语】上九阳居阴位，处同人卦之顶端，并且内卦无

应爻，只好远离风火，在郊外祭祀以求与人和同。因郊外的祭祀之光胜过城里的祭祀之光，故无悔。与乾卦亢龙不同，同人卦上九有内部离卦英明之士的支持；士愿为知己者死，所以上九不会有悔。

卦十四　火天大有

大有，元亨。

【译文】大有卦：拥有很多阳爻，如同得到天下贤士相助，昌隆通泰，是美好的开始。

《彖》曰：**大有，柔得尊位，大中而上下应之，曰大有。其德刚健而文明，应乎天而时行，是以元亨。**

【译文】《彖传》说：大有，六五处尊位却行阴柔之道，权力下放，而且上下阳爻与之和应，如同拥有既有能力又尽职尽责的臣民，所以说大有。上卦离火为文明，下卦乾天为刚健，刚健文明，顺应天道，依时行事，朝着光明的方向去奋斗，成功就大有希望，所以说元亨。

《象》曰：**火在天上，大有。君子以遏恶扬善①，顺天休命②。**

【译文】《象传》说：上离下乾，火在天上，明烛四方，为大有卦象。君子因之行光明普照之德，洞察善恶，抑恶扬善，上顺天道，下保万物，爱惜性命。

【注释】①遏：制止。扬：表彰，发扬。②休：使美好。

初九：无交害，匪咎，艰则无咎。

《象》曰：**大有初九，无交害也。**

【译文】初九：没有交往带来的害处，不会有过错。在艰难的环境中做好自己就不会有过咎。

《象传》说：大有初九爻辞说，不交往也就不惹祸害。

【按语】初九地位卑下又无应无比，是全卦中唯一不能与六五阴爻发生关系的爻，不会参与离卦龟贝、兑卦恩泽等利益之争，不予不取，安分守己，故无咎。

九二：大车以载，有攸往，无咎。

《象》曰：大车以载，积中不败也。

【译文】九二：用大车装物载人，有明确的目的地，没有灾祸。

《象传》说：用大车装物载人，说明物积于车中不会散失。

【按语】九二居下乾中位，与六五阴阳正应，却被九三、九四与六五互成的兑卦斧钺阻挡，因而只好联系上下，利用乾卦大车的功用，载着大家一起去应六五。因为九二能够团结上下，利用团队的力量，故无咎。

九三：公用亨于天子①，小人弗克。

《象》曰：公用亨于天子，小人害也。

【译文】九三：三公享用天子的宴请，没有追求天下为公之志的小人是消受不了的。

《象传》说：三公受到天子宴请，小人受此礼遇必有危害，因为九三当位，过于优秀，天子容易被小人挑拨而猜疑九三。

【注释】①亨：享，宴请。

【按语】九三为多凶之爻，与九四、六五互成兑卦，兑既代表饮食、宴请、喜悦，又代表口舌、兵器、毁折，九三位居三公，若没有胸怀天下的志向，分不清君子与小人的区别，就会给自己招来危险。

九四：匪其彭[1]**，无咎**。

《象》曰：**匪其彭无咎，明辨晳也**[2]。

【**译文**】九四：不是自身的膨胀，没有过咎。

《象传》说："匪其彭无咎"，因为阳居阴位，明于考察辨析，没有因为天子放权而膨胀。

【**注释**】①匪：通"非"，不是。彭：通"膨"，膨胀。②晳：通"晰"，明白。

【**按语**】九四为近君之臣，阳居阴位，能力大于职位，很容易自我膨胀。因为九四同时处乾、兑、离三卦之体，乾为天，离为日，兑为敏锐，有明察秋毫、胸怀天下之象，所以能明辨而不膨。

六五：厥孚交如[1]**，威如，吉**。

《象》曰：**厥孚交如，信以发志也**。**威如之吉，易而无备也**。

【**译文**】六五：充分利用诚信与大家交往，恩威并施，可得吉利。

《象传》说："厥孚交如"，因为他以诚信来表达自己的意愿。"威如"之吉，是指对臣下坦诚无私，推行简易，不做任何防备。

【**注释**】①厥：同"掘"，发掘。孚：诚信。

【**按语**】六五是唯一阴爻，处尊位却行柔道，运筹帷幄，巧妙地管理五位阳爻；与上下两阳比应；与九三互成兑；与九二正应；为初九照亮前进方向，使之发挥乾健的潜能。

上九：自天佑之，吉，无不利。

《象》曰：**大有上吉，自天佑也**。

【**译文**】上九：上天保佑，吉祥，没有不顺利的。

《象传》说：大有卦上爻之吉，是因为得到上天的保佑。

【按语】上九处大有卦最上，离明最外，阳居阴位，上离下乾，内健外明，俯视全局，洞若观火，健以治内，明以应外，下乘一兑两乾，兑为悦，乾为天、为上行，两天喜悦而来，故言自天佑。

卦十五　地山谦

谦，亨，君子有终。

【译文】谦卦：谦卑可使百事亨通。筮遇此卦，君子将有所成就，获得美好的结果。

【按语】谦卦为下艮上坤，内山外地，喻示内心高大却外表卑微，即被褐怀玉之义。谦卦的爻象为众阴爻呼应阳爻九三，象征全民拥戴优秀的太子。此时的太子若不谦卑，容易让君主起疑心。

《彖》曰：**谦亨，天道下济而光明，地道卑而上行。天道亏盈而益谦①，地道变盈而流谦，鬼神害盈而福谦②，人道恶盈而好谦。谦，尊而光③，卑而不可逾，君子之终也。**

【译文】《彖传》说：谦卑可以亨通，因为天道是让世界充满光明，济助万物的生长。地道是持守谦卑的品德，让地气上升，促使自然的循环运转。天道是减损盈满的，补益缺损的。地道是改变盈满的，流向卑微的。鬼神的原则是侵害盈满的，降福于谦虚的。人的原则是疾恨盈满的，喜欢谦逊的。谦虚的品德，处于尊位则尽力施予恩惠，处于卑位则不会僭越本分。这是君子能得善终的原因。

【注释】①亏：减损。②害：损害，侵犯。③光：照亮别人，施予恩惠。

《象》曰：**地中有山，谦。君子以裒多益寡①，称物平施②。**

【译文】《象传》说：外卦为坤地，内卦为艮山，地中有山，

内高外卑，被褐怀玉，这是谦卦的卦象。君子因此以谦卑为怀，裁取多余的，增益缺乏的，衡量财物的多寡而公平施予。

【注释】①裒（póu）：同“掊”，取出。②称：衡量，评判。

初六：谦谦君子，用涉大川，吉。

《象》曰：谦谦君子，卑以自牧也。

【译文】初六：谦卑又谦卑的君子，可以涉越大江大河，获得吉祥的结果。

《象传》说：“谦谦君子”，说明初六是在用谦卑约束自己。

【按语】初六为阴居阳爻，地位卑微，被压在艮山之脚，必须保持谦虚谨慎。因为谦卦中九三是唯一阳爻，初六与九三同处艮体，艮为门庭、宫阙，只要初六不僭越本分，常常保持如临深渊、如履薄冰的警觉，就算能力不足以胜任工作，也能凭德行感动九三、获得提携；九三处互坎之体，坎为江河，故言用涉大川。

六二：鸣谦，贞吉。

《象》曰：鸣谦贞吉，中心得也。

【译文】六二：与九三共鸣，同宣谦卑之道，坚持不懈，可获吉祥。

《象传》说：“鸣谦贞吉”，说明六二心中获得了谦卑的好处，才与九三共鸣。

【按语】六二阴柔中正，上承九三，处艮卦之中，艮为门阙、为狗，有狗吠为主人看家之象，故言鸣谦。狗鸣于屋内，声传于屋外，积于中而发于外，真心效忠主人，自然得吉。

九三：劳谦，君子有终，吉。

《象》曰：**劳谦君子，万民服也**。

【译文】九三：努力建立功劳，同时保持谦卑，这样的人将有好结果，凡事吉祥。

《象传》说：九三阳刚得位，服务全卦，必须不断勤劳，持守谦卑，才能使大家敬服。

【按语】九三是唯一阳爻，与上六正应，又同时处震、坎、艮三卦之体，与五个阴爻都有关系，若不劳谦，就会有艮阻、坎险、震恐之苦恼。

六四：无不利，㧑谦①。

《象》曰：**无不利，㧑谦，不违则也**。

【译文】六四：无所不利，因为能够适度摆动、合理发挥谦卑之道。

《象传》说："无不利，㧑谦"，因为这样做没有违背谦卑的法则。

【注释】①㧑（huī）：摆动，发挥。

【按语】六四阴柔当位，下乘九三，上承六五，处互震中爻，虽然功不及九三、德不及六五，却不亢不卑，能协调好九三与六五之间的关系，故言㧑谦。

六五：不富以其邻①**，利用侵伐，无不利**。

《象》曰：**利用侵伐，征不服也**。

【译文】六五：自己的不富裕是由于邻里不服，利用邻里不服的机会去征讨他国，无所不利。

《象传》说："利用侵伐"，说明六五要征伐那些不信服谦卑之道的人。

【注释】①不富：贫穷。以：因为。

【按语】六五柔居尊位，自己能力不足，却要推广谦卑

之道，容易引起知道底细的人不服。六五处互震最上爻，容易躁动，被下面逼推，会变阳而陷入坎卦；坎为贫困；故言不富以其邻。六五又为互卦师体的五爻，有兴师征讨之象。因为六五能巧妙地利用九三统领全局，依山傍险，蓄养内部兵力，故无不利。

上六：鸣谦，利用行师、征邑国。

《**象**》**曰：鸣谦，志未得也；可用行师，征邑国也。**

【**译文**】上六：与九三共鸣，同宣谦道，未能得到大家的响应和配合，只利于在外征讨他国。

《象传》说："鸣谦"，说明上六没有受到内部的重用。因为上六有谦逊的名望，可以通过征讨他国来实现自己的志向。

【**按语**】上六为谦卑之极，名声遍及高山和原野，由于自己身处外地原野，回来会受到震、坎、艮重重阻碍，只适合在外面发展。好在谦卦整体为内高外卑，内部基础坚实如山，外部环境一马平川，上六在外，可以尽情发挥自己的才能。

卦十六　雷地豫

豫[1]，利建侯、行师。

【译文】豫卦：有利于封侯拜将，兴师征伐。

【注释】①豫：心中和悦安乐之貌，又通“娱”，游乐，嬉戏。豫卦为上震下坤，表示顺性而动、物皆欢乐。

《彖》曰：豫，刚应而志行，顺以动，豫。豫，顺以动。故天地如之，而况建侯行师乎？天地以顺动，故日月不过，而四时不忒。圣人以顺动，则刑罚清而民服。豫之时义大矣哉。

【译文】《彖传》说：豫卦的结构为五阴爻应和一阳爻，象征着弱者服从强者，强者能够顺利实现自己的意愿而欢乐。下卦为坤为地，代表顺；上卦为震为雷，代表动；豫卦的主张是顺时而动。本来天地就是顺时而动的，何况封侯拜将、兴师征伐这类事情呢？天地能顺时而动，日月运行就无偏差，四时循环不会失误；圣人能顺时而动，刑罚就会清明，百姓就会顺服；豫卦中顺时而动的意义真是太大了。

《象》曰：雷出地奋，豫。先王以作乐崇德，殷荐之上帝，以配祖考[1]。

【译文】《象传》说：上卦为震雷，下卦为坤地，雷从大地出来，催发万物，为豫卦的含义。先王因此取法于大地的雷声，制作音乐，歌功颂德。在祭祀时将音乐奏给天帝听，并祈请历代祖先一同共享。

【注释】①考：父死后称考。祖考：历代祖先。

初六：鸣豫，凶。

《象》曰：初六鸣豫，志穷凶也。

【译文】初六：与山顶九四相应而乐，前往相求遇阻而鸣，有凶。

《象传》说：初六爻辞讲鸣豫，因为志穷颓废、心智穷乏不足，所以有凶。

【按语】豫卦变自复卦，初六原为复卦六四，从地位显赫的近君之臣下降为卑微的庶民，被压在艮山下面，却仍然沉浸在过去的美好之中，纵情享乐，自鸣得意，容易乐极生悲。

六二：介于石[1]，不终日[2]，贞吉。

《象》曰：不终日贞吉，以中正也。

【译文】六二：犹如中正廉明的地方官，处地之中、山之下，坚介如石、不沉溺于安乐，看着大家前往山顶寻乐，仍能保持终日守正不变，故获吉祥。

《象传》说："不终日贞吉"，因为六二柔顺而居下坤中位，如同君子持守中正之道。

【注释】①介：耿直，在两者中间。②不终日，即"终不日"，最终也不会变成日；如果六二变成阳爻，就会与六三、九四互成离日之卦。

【按语】豫卦由复卦变来，六二在卦变前为震卦的中爻，卦变后成为坤卦中爻、艮卦下爻，是豫卦中唯一中正之爻，与唯一阳爻同处艮体，艮为止，坤为顺，有坚守忠贞不动之象。艮又为宫阙，坤又为国土，若能忠贞不渝地守住宫阙和国土，自然吉祥。

六三：盱豫悔[1]，迟有悔[2]。

《象》：盱豫有悔，位不当也。

【译文】六三：一味取悦九四，将招致后悔，迟疑懈怠也会后悔。

《象传》说："盱豫有悔"，指阴居阳位，能力不足以胜任工作。

【注释】①盱（xū）：张目仰视，比喻阿谀奉承。②迟：迟疑。有：同"又"。

【按语】六三若呼应九四，不成艮卦就成坎卦；艮为阻，坎为险；自寻阻险故生悔。六三若迟疑犹豫，九四就会往上互成震马，长鸣而去；失去唯一阳爻，也会生悔。因为六三阴居阳位，实力薄弱，亲近九四会得罪六五，不去亲近又会得罪九四，左右皆悔。只有坚守坤卦的安分守己之性，效仿六二的中正介石之德，摒弃阿谀奉承、痴心妄想，才会无悔。

九四：由豫[①]，大有得，勿疑，朋盍簪[②]。

《象》曰：由豫大有得，志大行也。

【译文】九四：田猎取乐，大获鸟兽，独阳居阴位不必生疑，朋友都来聚合，可以自由展施自己的才华。

《象传》说："由豫大有得"，说明猎获甚多，如愿以偿。

【注释】①由：田，高亨说："由疑当作田，形似而误。"②簪：固定，聚合。

【按语】九四为震卦主爻，下乘坤卦，震为壮马，坤为田野，有乘马于田野打猎取乐之象。四爻为近君之位，九四以阳居阴，与众阴爻发生关系，一阳制五阴，故言大有得。豫卦变自复卦，九四从地下初九上升为地上九四，自然豫悦不已。九四一直为全卦唯一阳爻，卦变后又成为近君之臣，自然会获得全民的爱戴。因为九四不忘初心而率众爻去事奉六五，六五虽然猜疑，但必须依赖自己。

六五：贞疾，恒不死。

《象》曰：**六五贞疾，乘刚也。恒不死，中未亡也。**

【译文】六五：因有疾病而不能豫乐，但长时间内不会有死亡之类的大凶。

《象传》说：六五爻辞讲患病，那是阴柔乘凌阳刚的原因。“恒不死”，因为六五居于上卦中位，为全卦豫悦的首领，为不死之位。

【按语】六五处尊位，本应为雷出地中而豫悦，只因自身乘刚又在坎体，并处互蹇跛行之卦，在疾病之象中，无法豫悦；好在六五又为震卦中爻，震为生发，故暂时不会有凶。

上六：冥豫成，有渝无咎。

《象》曰：**冥豫在上，何可长也？**

【译文】上六：假装在天昏地暗中享受过去的成就，暗中改变事奉九四的策略，不会有灾祸。

《象传》说：上六阴柔得位，用假装享乐来实现长久居上，这种情况怎会长久呢？

【按语】上六在从复到豫的卦变之前，处宽广的坤卦之体；卦变后，处好动、进取的震卦之体；震卦又下乘坤卦；喻示上六驾驭坤卦之上。因为上六过去为坤卦中一员，所以现在可以借坤卦为掩护，假装沉迷于过去，以便暗渡陈仓。由于上六为震卦上爻，被下面两爻逼着上冲，在极高的位置已无处可升，穷极则变，故不可长。

卦十七　泽雷随

随，元亨利贞，无咎。

【译文】随卦：春种夏耕秋收冬藏，随顺适变，没有过错。

【按语】随卦的上卦为兑，兑为悦；下卦为震，震为动；下为内，上为外；内动外悦；喻示君王有所举动民众就愉悦追随。民众拥戴君王，效仿君王的举动，如影之随形，如响之应声，即随卦之义。

《彖》曰：随，刚来而下柔，动而说，随。大、亨、贞、无咎，而天下随时，随时之义大矣哉！

【译文】《彖传》说：随卦为下震上兑，兑为柔，震为刚，阳刚来到阴柔之下；山下震动，山上喜悦，内动外随，因而卦名为随。随卦的思想，应该发扬光大，使之亨通无阻，并且长期坚持，那样就不会有过失，从而达到让天下万物都随时而动的目的。"随时"的意义是非常大的。

《象》曰：泽中有雷，随。君子以向晦入宴息①。

【译文】《象传》说：下为震雷，上为兑泽；雷入泽中，大地寒凝，万物蛰伏，是随卦的卦象。君子观此卦象，取法于随天时而沉寂的雷声，随时作息，天黑就入室休息。

【注释】①晦：暮夜。宴：安闲，歇息。

初九：官有渝，贞吉。出门交有功。

《象》曰：**官有渝，从正吉也。出门交有功，不失也。**

【译文】初九：刚被降职，占问得吉，出门与人交往，互相帮助，有好处。

《象传》说：虽被降职却能从事自己喜欢的事情，是吉祥的；出门与人交往，不会有过失。

【按语】随卦由否卦变来，否卦的上九下行变成了随卦的初九，如同朝廷高官被贬到地方。在卦变前上九阳居阴位，失正；卦变后成为初九，当位；为从正。初九虽与九四敌应，但是阳刚当位，为震卦主爻，自然会不断进取，主动出门与阴爻相交。初九与六二皆当位，一见面就会投缘。

六二：系小子，失丈夫。

《象》曰：**系小子，弗兼与也。**

【译文】六二：得到了初九小子，却失去了九五丈夫。

《象传》说：抓住了小的，跑掉了大的，意思是两者不能兼得。

【按语】六二本与九五阴阳正应，只因六二处互艮下爻，九五处互巽上爻，六二与九五被山隔风阻，很难相应，只好下行与初九相应，初爻为卑微的百姓爻，五爻为尊贵的天子爻，故言系小子失丈夫。

六三：系丈夫，失小子。随有求，得。利居贞。

《象》曰：**系丈夫，志舍下也。**

【译文】六三：跟随九四丈夫，失去了初九小子。尾随着去寻求，可以得到。利于守正随上而行。

《象传》说：抓到了大的，跑掉了小的，其志在于追逐大的，舍弃小的。

【按语】六三跟随九四、九五互成巽卦，九四、九五为宰相和天子爻，并且，巽为利益、为钱财，所以六三坚贞地追随九四、九五必能获利。

九四：随有获，贞凶。有孚在道，以明，何咎？

《象》曰：随有获，其义凶也。有孚在道，明功也。

【译文】九四：随从领导会有收获，过于执着就会有凶。因为自己守信，致使很多人跟从在道；如果行为光明正大，怎会有咎害？

《象传》说："随有获"，说明潜伏着凶险。"有孚在道"，指出了在别人追随自己时应该把功劳归于九五。

【按语】九四阳居阴位，处艮山上爻，兑悦下爻，巽顺中爻，具有忠贞且严谨、和蔼又敏锐、豁达而善变等特性，很容易使百姓跟从在道。然而九四为近君之臣，伴君如伴虎，应该用光明磊落的行为打消九五的猜忌，否则就会有咎。

九五：孚于嘉，吉。

《象》曰：孚于嘉，吉，位中正也。

【译文】九五：因嘉奖下属而获得信任，是吉祥的。

《象传》说："孚于嘉，吉"，因为九五阳刚得位又居中。

【按语】九五是否卦变成随卦的主导者，九五将不当位的上九和不当位的初六互换位置，使二者都找到了适合自己的位置，从而打通了否闭的局面，所以深得民心而获吉祥。

上六：拘系之，乃从维之①，王用亨于西山②。

《象》曰：拘系之，上穷也。

【译文】好像被拘禁一样，因为被捆绑着强迫聆听礼法，并被强令跟随君王去西山祭祀天地。

《象传》说："拘系之"，已发展到穷尽的地步，不得不随从。

【注释】①拘系：拘禁。维：捆绑。②亨：同“享”，祭献，祭祀。

【按语】上六来自否卦初爻，因为之前为地位卑微的庶民，一下子被强行提拔到朝廷当高官，必须经过严格的礼仪培训。上六下乘互巽，巽为绳子，从六三爻到上六爻为大坎卦，坎卦为捆绑的形状，故言维之。

卦十八　山风蛊

蛊[1]，元亨，利涉大川；先甲三日，后甲三日[2]。

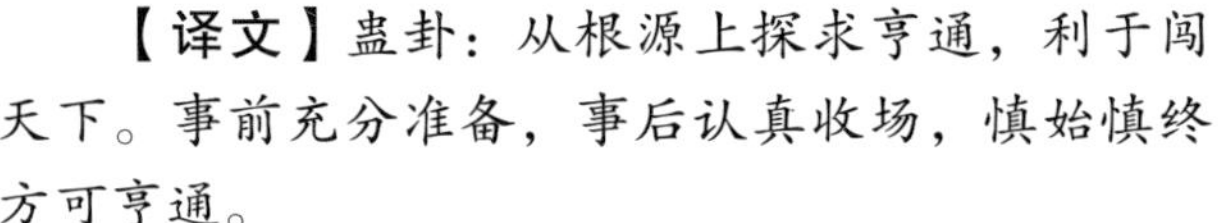

【**译文**】蛊卦：从根源上探求亨通，利于闯天下。事前充分准备，事后认真收场，慎始慎终方可亨通。

【**注释**】①蛊：本义是在密闭器皿中放入多种毒虫，让它们互相啖食吞噬，活到最后的就是蛊，后来演变为惑乱。②甲：天干之首，这里指事情的开端。此句也指在甲前三日之辛日与甲后三日之丁日启程涉大川；从辛至丁共七日，正是易卦爻数的循环周期。

【**按语**】蛊卦为上艮下巽，艮为山、为少男，巽为风、为树、为长女，喻指长女下于少男乱其情，风被山阻挡乱其形。树置山下、本末颠倒，为全民拜金、腐败成风之象。卦辞中的“元”又通“圆”，为旋转、圆通、灵活之义，是对山下之风性的概括。风绕山转，山不动而风多变，只要坚持探求，风终究可以绕过山的阻挡。

《彖》曰：**蛊，刚上而柔下，巽而止，蛊。蛊，元亨，而天下治也。利涉大川，往有事也。先甲三日，后甲三日，终则有始，天行也。**

【**译文**】《彖传》说：蛊之时，刚坚之艮居上位，阴柔之巽居下位；巽为风为谦逊，艮为山为阻止；谦逊之风被止于根基不牢的山下即为蛊卦。“蛊，元亨”，指从根源上探

求亨通，可使天下之蛊得到大治。“利涉大川”，指利于闯天下成就事业。“先甲三日，后甲三日”，说明好的结局需要有好的开始，这是天道运行的规律。

《象》曰：**山下有风，蛊。君子以振民育德**。

【译文】《象传》说：上为艮山，下为巽风；风被山挡，一片凌乱，会使折断的树林堆积而腐败；山下吹风，日夜侵蚀，会使山的根基遭到破坏；于是生蛊。有蛊就得治，治蛊的根本策略是振作民众、培育道德。

初六：干父之蛊[①]**，有子考无咎，厉，终吉**。

《象》曰：**干父之蛊，意承考也**。

【译文】初六，治理精神之腐，用子承父业的扬弃之法不会有错，虽然艰难，最终得吉。

《象传》说：“干父之蛊”，说明精神上的腐败是因为没有得到祖上遗产。

【注释】①干：治理。父：精神；因为父亲往往注重孩子的精神教育。蛊：腐败。

【按语】初六阴在阳位，能力不足以胜任工作，容易干冒长辈。初六为巽卦主爻，巽为犹豫、进退、淫乱，初为阳位，阳为精神，初六失阳，为精神错乱之象，故言父之蛊。蛊卦变自渐卦，卦变前初六处艮体，卦变后初六处巽体，为长女接替少男主持家业之象。少男懵懂无知，不懂持家，不可能遗留丰厚的家产，所以初六为了光宗耀祖而治蛊。

九二：干母之蛊[①]**，不可贞**。

《象》口：**丅母之蛊，得中道也**。

【译文】治理物质上的腐败不可太过强硬。

《象传》说：“干母之蛊”，说明物质腐败是因为九二居巽卦中位，占住了生财之道。

【注释】①母：物质；因为母亲往往注重孩子的物质需求。

【按语】九二本与六五阴阳正应，只因两爻都不当位，九二处巽卦树林之中，六五处艮卦高山之中，树隔山挡，没法相应，所以下行向初六索求。九二来自渐卦的九五，在卦变前后，九二一直处巽体中爻，巽为钱财、淫乱；九二又与九三、六四互成兑卦，兑为饮食、享乐；九二阳居阴位，同时处巽、兑之体，如同贪图物质享受的地方官，故言母之蛊。

九三：干父之蛊，小有悔，无大咎。

《象》曰：**干父之蛊，终无咎也。**

【译文】九三，治理精神之腐，会有一些懊悔，但是并无大的咎害。

《象传》说："干父之蛊"，说明继承父业，最终不会有咎害。

【按语】九三阳刚当位，同时处震、兑、巽之体，与上九敌应，上承艮山被阻；震为奋斗，兑为毁折，巽为不果，蕴含着有抱负却无法施展之象。在八卦类象中，长女和淫乱属巽，长男和躁动属震，少女和享乐属兑，震兑巽同处艮下，有一男与两女同困山下而使精神生蛊之象；故言父之蛊。因为九三为震卦主爻，震为生发、进取，并且还处互恒之中，所以虽有悔恨，但不会出大问题。

六四：裕父之蛊[1]，往见吝。

《象》曰：**裕父之蛊，往未得也。**

【译文】少男少女因环境宽裕而精神腐化，长此以往会

有悔吝遗憾。

《象传》说："裕父之蛊"，说明在宽裕的环境下不防治精神腐化，以后是不会得志如愿的。

【注释】①裕：宽裕，放松；又通"欲"，纵情。

【按语】六四处艮卦下爻、兑卦上爻，有少男骑压少女之象。六四阴柔得位，为兑卦的主爻，兑卦象征愉悦享乐，少男乘少女，并处内互归妹之中，可喻指恣情纵欲。六四处艮山脚下，山下之兑为不生植物的盐碱之地，并且下乘巽卦，与风相背，属空气不流通的幽暗之处；上无阳光，下不通风，无阳滋阴，会因幽闭而恐惧，故言父之蛊。少男少女，未长成人，不明事理，又无人帮助，难以如愿以偿。

六五：干父之蛊，用誉。

《象》曰：**干父用誉，承以德也。**

【译文】六五：治理精神之腐，只能凭借祖辈的荣誉。

《象传》说："干父用誉"，说明祖辈积了很大的德。

【按语】六五来自渐卦的六二，由二爻升到五爻来治蛊，阴柔无能，难以胜任；好在六五处艮卦中爻，艮卦在卦变前为巽，巽为钱财、为丰厚，艮替巽，有承载祖德之象。六五为全卦的首领，为治蛊的主帅，以柔处尊，德不配位，驾驭不了下面的兑卦少女和巽卦长女，但能凭借祖上的声誉使九二和上九前来相助。

上九：不事王侯[1]，高尚其事[2]。

《象》曰：**不事王侯，志可则也。**

【译文】身处元老之位却不做王侯之事，因为曾经立过大功。

《象传》说："干父之蛊"，说明不迷恋王侯位的志趣可以效法。

【注释】①事：从事。②高：被尊崇。尚：过去。事：官职。

【按语】上九阳居阴位，为蛊之极，又为艮卦主爻，艮为少男、孩童，蒙昧无知、喜欢玩耍的孩童没法处理长女的蛊惑。只有取艮卦之山性、巽卦之云性，隐居高山看白云，不羡慕王侯，不参与俗事，置身蛊外，方可得吉。

卦十九　地泽临

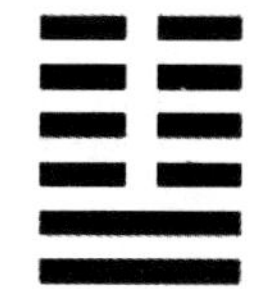

临，元亨，利贞；至于八月，有凶。

【译文】临卦：涉过蛊卦大川，来到湖泽岸堤，向下俯视，与天道的运行相符，大吉大利；如果此时采取与八月对应的观卦的抬头仰望，就会有凶险。

【按语】身临湖泽深渊，必须低头俯视才能得吉；如果趾高气扬、抬头观望则凶。八月，指临卦的综之观卦，因为综卦爻位倒置可喻指放纵和颠覆；八月也指正秋之兑卦，因为兑卦代表高兴，高兴容易使人大意。

《彖》曰：临，刚浸而长①，说而顺，刚中而应，大亨以正，天之道也。"至于八月，有凶"，消不久也。

【译文】《彖传》说：临，就是说阳气生长，逐渐升临于上位。下卦为兑，兑为悦，上卦为坤，坤为顺，喻指内在性情和悦，外表态度温顺。九二为阳爻，居下卦的中位，六五为阴爻，居上卦的中位，两条同位爻互相应和，这种宏大、亨美、贞正的品德是对天道的遵循。"至于八月，有凶"，因为阳气终会消退，盛势不可能持久不变。

【注释】①刚：阳刚，阳气。浸：逐渐。

《象》曰：泽上有地，临。君子以教思无穷，容保民无疆。

【译文】《象传》说：下卦为兑，为静水湖泽，上卦为坤，为湖边岸地，上坤下泽，说明站在堤岸上往湖里看自己的形象为临卦的寓意。君子因此会以百姓为镜，深入基层，深思极虑去教化民众，以无边的胸怀去包容民众。

初九：咸临[1]。**贞吉**。

《**象**》**曰：咸临贞吉，志行正也**。

【译文】初九：真心欢迎九二的莅临，持守贞正就会吉祥。

《象传》说："咸临贞吉"，说明初九居心端正，作风正派。

【注释】①咸：为"感"字去"心"，无心而感，真心真意。

【按语】初九当位，为兑之下爻，象征领导莅临的安全保障和喜悦心情的基础条件。初九积极向上，只要与九二、六三合作，就会获得喜悦以及锋锐先进的武器，然"国之利器不可示人"，守贞方能得吉。初九与九二皆为发奋向上之阳爻，初九往上去求六四，正好遇到九二往上与六三、六四互成震动之卦，故初九往上得到推动力，九二往上遇到喜悦，二者无心而感。

九二：咸临，吉无不利。

《**象**》**曰：咸临吉无不利，未顺命也**。

【译文】九二：自己的到来，得到民众的默契配合，无不吉利。

《象传》说："咸临吉无不利"，是指九二如同钦差在外，不一定要听从柔弱的六五之命。

【按语】九二为内互复卦中的唯一阳爻。九二联系下、上可互成兑悦，往上走可互成震动，故无往不利。九二处兑卦中位，兑为饮食、为享乐，如同钦差来到地方，整天被民

众款待。民众遇到难事总会在祭祀上下功夫，但做事时不会完全顺从神意；九二深入民众，远离君主，也不会完全遵从君主的旨意。

六三：甘临，无攸利。既忧之，无咎。

《象》曰：甘临，位不当也。既忧之，咎不长也。

【译文】六三：用花言巧语去取悦来调查的人，没有什么好处。如果及时醒悟，灾祸可以消除。

《象传》说："甘临"，说明六三以阴居阳，不当位。"既忧之"，指危害不会长久地持续。

【按语】六三向内联系初九、九二两爻互成兑卦，兑为锋锐兵器；向外联系六四、六五两爻互成坤卦，坤为包容顺从；有阳奉阴违之象。六三阴柔却居三公之位，如同无能的封疆大吏；封疆大吏柔弱无能，独占一方，行阳奉阴违之道，属于被朝廷调查的对象。

六四：至临，无咎。

《象》曰：至临无咎，位当也。

【译文】六四：亲临现场，没有咎害。

《象传》说："至临无咎"，指六四阴柔当位。

【按语】六四阴柔当位，处两卦边界，身临堤岸，俯视湖泽，故言至临。六四处于柔弱的三公与慈悲的君王之间，处理事情从不懈怠。六四往下联系六三、九二互成震动，往上联系六五、上六互成坤顺，内动外顺，喻指朝内政府的行动得到乡野百姓的顺从。六四下行与初九相应，初九为百姓、泽底之爻，有以民众为镜之象，故使自己的到来如宾至临，自然无咎。

六五：知临[1]，大君之宜[2]，吉。

《象》曰：**大君之宜，行中之谓也**。

【**译文**】六五：明智地俯临一切，巧妙地处理国家事务，这是大国之君才能做到的事，自然吉利。

《象传》说："大君之宜"，指六五奉行柔中之道，以阴行阳，呼应下卦中爻，俯临一切。

【**注释**】①知：同"智"，明智。②大君：大国的君王。

【**按语**】六五居尊位行柔道，权力下放，信任当位的六四，知人善任，委派钦差九二，运筹帷幄之中而得吉。

上六：敦临吉，无咎。

《象》曰：**敦临之吉，志在内也**。

【**译文**】上六：保持敦厚的性情，去巡视会得到吉利，不会有咎害。

《象传》说："敦临之吉"，因为上六的心志在于安定内部。

【**按语**】上六阴柔当位，处临卦的最高点，在高位行柔道，体坤卦承载、慈爱之性，一心只想着用恩泽去安定民众；非坤地无以成兑泽之用，然坤地不自现其用，故言志在内。上六下无应爻，在四个阴爻之上，喻指位高无权，只能持守敦厚，不能显露锋芒，若变阳成艮山，会更孤高。

卦二十 风地观

观[①]，盥而不荐[②]，有孚颙若[③]。

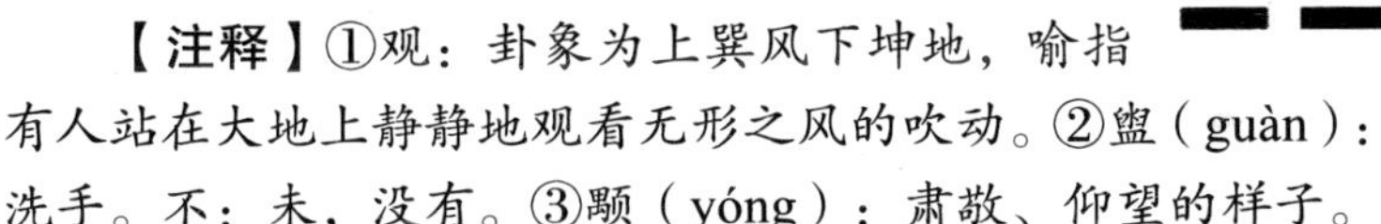

【译文】观卦：刚做完祭祀前的准备工作，还没上供品，心中已充满诚意。

【注释】①观：卦象为上巽风下坤地，喻指有人站在大地上静静地观看无形之风的吹动。②盥（guàn）：洗手。不：未，没有。③颙（yóng）：肃敬、仰望的样子。

【按语】手洗好后并不马上进献供品，而是先酝酿培育虔诚恭敬之心，然后藉着这种虔诚恭敬之心来进献供品举行祭祀，酝酿培育这种虔诚恭敬之心的过程就是“观”。

《彖》曰：**大观在上，顺而巽，中正以观天下，观。盥而不荐，有孚颙若，下观而化也。观天之神道，而四时不忒。圣人以神道设教，而天下服矣。**

【译文】《彖传》说：阳爻似流动的风在天上观察，阴爻似安静的地在下面仰望，在大观之位，有巽顺之德，自然中正地观察天下，故名观卦。“盥而不荐，有孚颙若”，指下面的人们观想天神的恩德是因为人们已被感化。看到四时运行井然有序，就能观想、体认到上天的神奇造化之道。圣人根据这种神道来制定教化万民的理论体系，自然能得到天下万民的信服。

《象》曰：**风行地上，观。先王以省方[①]，观民设教。**

【译文】《象传》说：上为巽风，下为坤地，风在大地上吹拂万物，为观的卦象。先王因此效法周流八方的无形之风，巡视邦国，考察民情，并观风祭神以设教。

【注释】①省：巡视。方：邦国。

初六：童观，小人无咎，君子吝。

《象》曰：初六童观，小人道也。

【译文】初六：幼稚的仰观，对于小民百姓来讲尚无大碍，但对于担负政治责任的君子来说，将会铸成大错。

《象传》说：初六童观，指普通的小民百姓的观察方法。

【按语】初六如同蒙昧的孩童，知其然不知其所以然，只是凑热闹观看祭祀，不懂得遵守礼节，然而不知者无罪。初六处坤卦最下，坤卦为民众；上承巽卦，巽为命令；最下层的民众如果不遵从朝廷的命令，当然会艰吝困苦。

六二：窥观，利女贞。

《象》曰：窥观女贞，亦可丑也。

【译文】六二：女人从门缝里窥视男人，有利于坚守贞道。

《象传》说："窥观女贞"，说明女人窥观，即使操行贞正，也属可丑的行为。

【按语】六二中正柔顺，想上应九五，却被艮门阻挡，就从门缝里观察，如同地方官打听朝廷的决策，不符合忠贞之道。

六三：观我生，进退。

《象》曰：观我生进退，未失道也。

【译文】六三：观察自己的生活经历，从而决定地方祭祀的进退选择。

《象传》说："观我生进退"，说明六三没有迷失神道

设教之法。

【按语】六三阴居阳位，为柔弱的三公，身困艮山脚下，不知朝内秘密，选择观己才是正道。六三本与上九正应，却被艮山阻挡；六三又处下坤外爻，为柔顺特征的外部形象，遇阻回头就会发现伏藏在艮卦下面的兑卦；兑为湖泽，湖静如镜，故能观我。六三居两坤之体，有很大的选择余地，进退皆可。

六四：观国之光，利用宾于王①。

《象》曰：**观国之光，尚宾也**。

【译文】六四：观察国家政绩和前途，有利于为君王迎接客人、从事外交。

《象传》说："观国之光"，说明六四很善于从事外交。

【注释】①宾：同"傧"，迎接客人，从事外交。

【按语】六四为上巽主爻，巽为风、出入、命令、书信、无形之神，下乘坤卦，坤为大地、邦国、民众；六四阴柔当位，如同一位德高望重的近君大臣，上承君主、下观百姓，心系国家、胸怀天下，能以己国观他国，所以有利从事外交。

九五：观我生，君子无咎。

《象》曰：**观我生，观民也**。

【译文】九五：向下观察自己百姓的生活，君子会无过咎。

《象传》说："观我生"，说明九五善于观察民众。

【按语】九五阳刚中正，居于艮山之顶，俯观全国，一览无遗。九五为风行天下的主力，是发布政令的君主，是巽风的中心爻，能体现巽的柔顺、无孔不入、无形可捕等特性，自然无咎。

上九：观其生[1]，君子无咎。

《象》曰：**观其生，志未平也[2]。**

【译文】上九：在祭祀时，风的出现被人们仰观；只有君子才不会有过咎。

《象传》说："观其生"，说明上九的行动被人们观仰，其心志不可松懈。

【注释】①生：生发，出现；喻指人的行为。②平：放平，松懈。

【按语】上九为宗庙祭祀爻，在观卦中位置最高，属巽风之外表，一切行动为众人所瞩目；因为下乘艮山被阻，很难与六三相应；高而无位，一举一动必须小心谨慎；所以说，只有君子才会无咎。

卦二十一　火雷噬嗑

噬嗑[1]，亨，利用狱。

【**译文**】噬嗑卦：维持国家的亨通，需要利用刑狱。

【**注释**】①噬：用牙咬。嗑：合拢上下颚。噬嗑：吃喝咀嚼的运作。

【**按语**】噬嗑卦为上离下震，离为闪电，震为打雷，两极交合，雷先电来，替天行道，君子因之而制定社会规则和监狱刑法。从爻象看，不当位的九四阻碍了上下爻的交流，只有将九四依法囚禁，才能使全卦的交流亨通。

《彖》曰：**颐中有物曰噬嗑。噬嗑而亨。刚柔分，动而明，雷电合而章。柔得中而上行，虽不当位，利用狱也。**

【**译文**】《彖传》说：口中含物而咀嚼之，即为噬瞌。噬嗑是可以维持亨通的。下卦为震为雷为阳，上卦为离为电为阴，上下刚柔分明，行动迅速而又光明耀眼，如同雷公和电母共同彰显威力。六五阴柔居上卦中位，又能上行巧妙地利用上九，虽不当位，却适宜使用刑法。

《象》曰：**雷电，噬嗑。先王以明罚敕法[1]。**

【**译文**】《象传》说：雷电交合在一起，如同上下牙齿一起咀嚼。先王观此卦象，取法于威风凛凛的雷公和照彻幽隐的电母，实施严明治政，修整法令。

【**注释**】①敕：修正，整理。

初九：屦校灭趾[1]**，无咎。**

《象》曰：屦校灭趾，不行也。

【译文】初九：拖着刑具，磨破了脚趾，轻微的惩罚，对于百姓来说没有大的咎害。

《象传》说："屦校灭趾"，是说限制其自由，使之不重犯过错。

【注释】①屦（jù）：古代用麻葛制成的一种鞋；作动词为"践踏"。校：木制囚人的刑具；加于颈者谓之枷，加于手者谓之梏，加于足者谓之桎，通谓之校；这里指桎。灭：伤破，磨破。

【按语】初九因鲁莽冲动会被囚。初九为震雷的内在动力，为冲动鲁莽之爻，与九四敌应故近求六二。六二居艮体，艮为止；初九居震体，震为足；上止下足，有被限制自由之象。《系辞》中说"小惩而大诫，此小人之福也"，将刚暴好动的初犯限制自由，表面上看是惩治，实际上是挽救。

六二：噬肤灭鼻[1]**，无咎。**

《象》曰：噬肤灭鼻，乘刚也。

【译文】六二：咬吃肥肉，淹没鼻子，影响形象与声誉，但没有咎害。

《象传》说："噬肤灭鼻"，因为六二阴柔居中又下乘阳刚无应之初九。

【注释】①肤：肥肉，膏脂。鼻：为颜面之屋脊。灭鼻：损毁形象和声誉。

【按语】六二贪污腐败会被囚。六二处艮止下爻，上与六五敌应，脱离朝廷，无视法纪，下乘阳刚当位的初九，管理着一方勤劳富足的百姓，可以尽情搜刮民脂。六二为震卦中心爻，震为上行进取，六二自身属阴，阴爻本性下行，犹

如圆滑的地方官，虽腐败贪吃，却能积极为民办事，故无咎。

六三：噬腊肉，遇毒。小吝，无咎。

《**象**》**曰：遇毒，位不当也。**

【译文】六三：吃腊肉，中毒。碰上了麻烦，但不太严重。

《象传》说："遇毒"，因为六三阴爻居于阳位，能力不足。

【按语】六三不务正业会被囚。六三阴柔却居三公之位，能力不足，德不配位。六三处艮卦中爻、坎卦下爻，艮为山、为止、为门庭、为少男，坎为隐伏、为酒水，门上有酒，为纨绔子弟居家吃腊肉（啃老）之象。六三为阴爻，阴爻本性下行，但处震动之卦的外表，被推着上求九四和上九，九四处坎体，坎为毒，好在上九下行相救，故无咎。

九四：噬干胏[①]**，得金矢**[②]**。利艰贞，吉。**

《**象**》**曰：利艰贞吉，未光也。**

【译文】九四：不加选择地啃吃带骨头的干肉，因而被邀请参加金矢投壶的宴饮游戏。如果在艰难中持守原则就会吉利。

《象传》说："利艰贞吉"，说明尚未进入光明之境，还处在离火的下爻。

【注释】①胏（zǐ）：带骨头的肉。噬干胏，即不加选择地侵吞。②金矢：用金箭投壶代替射箭的宴饮游戏。

【按语】九四仗势欺人会被囚。九四阳居阴位，为能力超过职位的近君之臣；被三个阴爻包围，为上下所依赖，又容易被上下联手将之囚禁；只要持守忠贞，尽力促使上下沟通顺畅，就不会有大问题。

六五：噬干肉，得黄金。贞厉，无咎。

《象》曰：贞厉，无咎，得当也。

【译文】六五：身居尊位却去外面蹭吃存放的干肉，意外得到黄金。在艰难中持守正道，不会有咎害。

《象传》说："贞厉无咎"，因为六五是阴爻居上卦尊位，是电母的中心爻，却把权力交给两位阳爻，懂得运筹帷幄，可以化险为夷。

【按语】六五不作为会被囚。六五为上离主爻，离为火、为龟贝、为黄金，六五得上下两位阳爻相应而成离火，故言噬干肉得黄金。六五阴柔居尊，下无应爻，身边两位阳爻又不当位，如果不努力作为、运筹帷幄，就会被左右挟制。六五若能见微知著、知人善任，可利用上九与六三相应，六三与九四相应，九四向下互成艮卦，艮为房屋、监狱，可约束下面所有爻，使大家为六五服务。所以说，六五虽艰厉，但无咎。

上九：何校灭耳①，凶。

《象》曰：何校灭耳，聪不明也②。

【译文】上九：肩上枷具遮住了耳朵，有凶险。

《象传》说："何校灭耳"，因为听不进别人的劝告。

【注释】①何：通"荷"，背负。校：枷具。②聪：听觉。

【按语】上九居功自傲、不听劝阻会被囚。上九为亢龙，处离、坎、艮、震之上，离卦爻形如同肩上枷锁，遮着坎耳，隔着艮山，听不见震雷之音，故凶。上九阳居阴位，处离卦电母外表，刚明过盛，最为晃眼，若在这特殊位置滥用职权触犯刑律，不用重刑惩罚难以服众。

卦二十二　山火贲

贲[1]**，亨。小利有攸往。**

【译文】贲卦：通达。有所往则有小利。

【注释】①贲（bì）：文饰，增加光彩。贲字为上下结构，上部花卉，下部贝类，皆为文饰之物。

【按语】贲卦为上艮下离，艮为山、为静止，离为火、为光明；内光明外静止，为守明之象；山下生火焚杂木，为造林前的准备工作，有浴火重生之义。

《彖》曰：**贲，亨。柔来而文刚，故亨。分，刚上而文柔，故小利有攸往。刚柔交错，天文也。文明以止，人文也。观乎天文以察时变，观乎人文以化成天下。**

【译文】《彖传》说：贲，通达。下卦为离，为阴柔，上卦为艮，为阳刚，阴柔来文饰阳刚，因此通达。柔、刚分布，刚为主、为大，柔为衬、为小，衬饰太过就会掩盖真实本质，所以说“小利有攸往”。六爻皆刚柔交错、互相文饰，这是天象。用制度来约束人们的行为，是社会人文现象。观察天象，就可以察觉到时序的变化。观察人文现象，就可以因材施教，化育民众，使人人都能尽造化之妙用。

《象》曰：**山下有火，贲。君子以明庶政**[1]**，无敢折狱**[2]。

【译文】《象传》说：山下燃火，火光文饰着山顶，即贲卦之象。君子因此修美各种政务，但不敢靠文饰处理讼狱，因为文饰过头就会颠倒真相，贲的综卦就是噬嗑之狱。

【注释】①庶：众。庶政：各项政事。②折：翻转，判断，处理。

初九：贲其趾，舍车而徒。

《象》曰：舍车而徒，义弗乘也。

【译文】初九：脚穿花鞋，舍车不乘，徒步而行。

《象传》说："舍车而徒"，因为徒步而行更安全，理应不乘车。

【按语】初九本与六四正应，然而六四、九三、六二互成坎卦，坎为车、为险，初九前往与六四相应，若乘坎车，必陷入坎险，而舍车徒步只应六二，可得离卦之光明、照亮脚下；既能使鞋子得到文饰，又可以昂首挺胸放心前行。

六二：贲其须。

《象》曰：贲其须，与上兴也[①]。

【译文】六二：修饰他的胡须。

《象传》说："贲其须"，说明六二是在九三的帮助下兴起来的。

【注释】①与：被给予，被援助。

【按语】六二处互颐下面，颐为腮颊，腮颊下面附一阴爻，有胡须之象。六二又处离卦之中，上承震卦，震为雷为龙，离为火为电，雷下闪电，有龙须之象。六二与六五敌应，居互坎之体，坎为水，水性下流，不能上行，只能安居互颐之下成其胡须，胡须下垂正符合阴爻下行和水往下流之性。

九三：贲如濡如，永贞吉[①]。

《象》曰：永贞之吉，终莫之陵也[②]。

【译文】九三：华丽文饰的样子，润泽水灵的样子，坚

持固守贞正，才能获得吉利。

《象传》说："永贞之吉"，指九三刚正自强，不登后山，不靠后台。

【注释】①永：坚持。②陵：登，其甲骨文的字形像一个人沿着石阶登上土山的样子。

【按语】九三与上九敌应，不能登上艮山；处坎卦中心，坎为车轮，九三犹如车轮的中轴；中轴必须与辐条组成一个整体，才能发挥车轮的作用而前行；所以九三必须发展自己的队伍，不能依赖后台。

六四：贲如皤如[①]，白马翰如[②]，匪寇婚媾。

《象》曰：六四，当位疑也。匪寇婚媾，终无尤也。

【译文】六四：文饰的那样明亮，全身素白。高头白马，向前飞奔。不是来抢劫，而是来求婚。

《象传》说：六四处于多疑的位置，刚开始以为六三是匪寇，后来发现是求婚的，最终不会有抱怨和忧虑。

【注释】①皤 pó：头发白色。②翰：高飞，指马头高举飞奔之状。

【按语】六四为艮山最下爻，下乘离卦之火，被照得非常明亮；又处震卦中心，被震马推着向前，却被艮山阻挡；向下互成坎卦，坎为盗，故疑为匪寇。然而六四阴柔当位，本性下行，三、四爻为三才人爻位，六四下应九三为天然婚配，故无灾祸。但是六四心系初九而生疑，由于坎险阻挡，才舍远求近。

六五：贲于丘园，束帛戋戋[①]，吝，终吉。

《象》曰：六五之吉，有喜也。

【译文】六五：以自然的山丘为饰，礼聘贤士也只持一束微薄的丝帛，虽然吝啬，最终吉祥。

《象传》说："六五之吉"，说明会有喜事。

【注释】①束：捆绑，限制。戋：少，细微。

【按语】六五阴居尊位，处艮山中爻，为虚怀若谷之象。六五变阳才会现出巽帛，又处艮体，艮为止、为约束，喻指限制丝帛聘礼。六五处互震外爻，被推着向外聘请贤士；又上承不当位的上九，不得已而在内赡养元老；不能像噬嗑卦的六五一样食干肉，处境非常艰难。因为上九的应助和九三的支持，故能终吉。

上九：白贲[1]，无咎。

《象》曰：白贲无咎，上得志也。

【译文】上九：用火的光亮来作文饰，没有咎害。

《象传》说："白贲无咎"，指上九高高在上，志得意满。

【注释】①白：光亮；其甲骨文是烛火的形状，本义为明亮、清楚。

【按语】上九阳居阴位，有狂傲的资本，加上六五的宠爱，难免忘乎所以，站在山顶观看下面的水、火、车、马，将自己文饰得鲜明光亮，有悖为臣之道。好在上九为艮卦主爻，艮有知止之明智，并且山中之水可灭山下之火，就算山上树木被火焚烧，其灰也有利于新树木的萌生，故无咎。

卦二十三　山地剥

剥[1]**，不利有攸往**。

【**译文**】剥卦：有所往则不利。

【**注释**】①剥：剥夺、打击。

【**按语**】在剥卦里只有上九是阳爻，一阳压五阴，众阴联手往上剥上九，如同削剥物体最外层的皮；对应社会关系，为众人联手剥击元老的爵位。

《象》曰：**剥，剥也，柔变刚也**[1]。**不利有攸往，小人长也。顺而止之，观象也。君子尚消息盈虚**[2]**，天行也**。

【**译文**】《象传》说：剥，剥击；譬如阴柔者去侵蚀、改变阳刚者的本质。“不利有攸往”，因为阴爻小人的势力正强。下卦为坤顺，上卦为艮止，顺势而止，这是善于观察的原因。君子应遵循消长盈虚的规律，因为那是天道的运行。

【**注释**】①变：侵蚀，取代。剥卦五阴爻在下，一阳爻在上，阴柔太盛，会慢慢侵蚀阳刚而发生变化。②尚：遵循，尊尚。消：消散，消亡。息：生长。

《象》曰：**山附于地，剥。上以厚下安宅**。

【**译文**】《象传》说：山依附于地，立于地上，被风雨剥蚀，就是剥卦的卦象。君子观此卦象，以山石剥落、岩层崩塌为戒，处上位却厚待下民以夯实基础，因而使自己得以安居。

初六：剥床以足[1]，蔑贞[2]，凶。

《象》曰：剥床以足，以灭下也。

【译文】初六：用最下层如足一样的老百姓去剥击元老的爵位，并且轻蔑筮官的占卜，会有凶险。

《象传》说："剥床以足"，说明是自毁根基。

【注释】①床：坐卧的器具，古代通常写作"牀"，这里指宝座、爵位。②贞：本义为灼龟甲进行占卜，这里指筮官。

【按语】初六阴居阳位，犹如听话的百姓。百姓虽卑微却是朝廷的根基，就像宝座之足，若被削剥，必定带来凶险。初六变成阳爻才会现出大离卦的龟象，大离之龟可代表占卜，离卦隐而不现，故言蔑贞。

六二：剥床以辨[1]，蔑贞，凶。

《象》曰：剥床以辨，未有与也[2]。

【译文】六二：用地方官去剥击元老的爵位，又轻蔑筮官，为凶险之兆。

《象传》说："剥床以辨"，说明六二虽中正却无人帮助。

【注释】①辨：字形如同坐具两边的床腿和上面的扶手，为宝座的外边支撑，可喻指膝腿或地方官员。②与：助，辅佐。

【按语】六二阴柔中正，如同尽心尽力为朝廷跑腿的地方官。只是六二身边全为阴爻，上下一片沉寂，个个只求自保，都不关心国家安危，也不重视国家祭典，势单力薄的六二难以堪当重任。六二为坤卦中爻，坤为大舆；六二乘大舆前往山上去剥击上九，必然有凶。

六三：剥之，无咎。

《象》曰：剥之无咎，失上下也。

【译文】六三：对巴结元老的无能继承人直接剥击，不

会有咎害。

《象传》说："剥之无咎"，说明六三独应上九，脱离了上下同类。

【按语】六三阴居阳位，不中不正，身处群阴之中，本想借六五委任自己剥击上九的机会与上九联手倒戈对付六五，没想到六五早有防范，隐伏山中，被六五擒住剥去其职。

六四：剥床以肤，凶。

《**象**》**曰：剥床以肤，切近灾也**。

【**译文**】六四：用自己肌肤膏脂般的近臣去剥击元老，会有凶险。

《象传》说："剥床以肤"，说明剥取床的肌肤（垫席），如同切掉亲近的臣子，必定有灾祸。

【按语】六四阴柔当位，为竭力效忠六五的近臣，被六五派遣去剥击上九，可是六四处于艮山之下，上九处艮山之顶，山下攻山上，难免遇凶。

六五：贯鱼以宫人宠[①]**，无不利。**

《**象**》**曰：以宫人宠，终无尤也**。

【**译文**】六五：用成群的宫女去向元老示宠，没有什么不利的。

《象传》说"以宫人宠"，说明六五终究没有怨恨。

【**注释**】①贯鱼：即鱼贯，依次而进。宠：宠爱。

【按语】鱼为阴性，六五下面有四个阴爻，有领头鱼带着成群鱼之象。六五为艮卦中爻，艮为宫阙，阴爻又为女性，六五下乘四个阴爻，喻指带领一群宫女进入宫阙。虽然六五下无正应，过于柔弱，武力不足，但是能够以柔行刚，团结大众，智取上九。

上九：硕果不食，君子得舆[1]；小人剥庐[2]。

《象》曰：君子得舆，民所载也。小人剥庐，终不可用也。

【译文】上九：如果大果子不被吃掉，君王就能得到车子（权力），小人也能得到草房子的庇护；如果大果子被吃掉了，君王和百姓都会失去依靠。

《象传》说："君子得舆"，说明君王拥有车舆才具有装载民众、管理百姓的工具。"小人剥庐"，说明将百姓的茅庐剥掉，终究难保平安，不可随意采用。

【注释】①舆：君王管理国家、施展威武的工具，此处指上九。②庐：草房子，此处指上九能像草房一样为百姓提供庇护。"小人剥庐"前省略了"硕果被食"。

【按语】上九属阳爻处上，为元老之爵位，就是六五想剥击的宝座，可喻为硕果。六五自身柔弱，难以管理国家，而上九的能力远胜其职位；所以，如果六五能驾驭上九，就如同获得管理国家的工具；如果剥掉上九的职位，六五也会难以自保。

卦二十四　地雷复

复[1]，亨，出入无疾[2]，朋来无咎。反复其道，七日来复，利有攸往。

【译文】复卦：阴气外出，阳气内入，不疾不徐，速度不快不慢就会亨通。志同道合的朋友一起前进，不会有过失。阴气剥尽，阳气复来，阴阳彼此消长是自然规律，七天之后阳气又会被阴气覆住，只要不疾不徐，有所往则有所利。

【注释】①复：通“覆”，覆盖；又有复返之义。②无：通“毋”，表示劝阻或禁止，不要、别。疾：迅速，与“急”相通。

《彖》曰：**复亨，刚反。动而以顺行，是以出入无疾，朋来无咎。反复其道，七日来复，天行也。利有攸往，刚长也。复，其见天地之心乎！**

【译文】《彖传》说：覆着也能亨通，因为阳刚初九是从剥卦上九返回，顺乎自然地行动，复归于内，所以卦名为复。一切举动符合正道，无往而不顺利，所以“出入无疾，朋来无咎”。“反复其道，七日来复”是天地运行的规律。“利有攸往”，因为初爻为阳爻，表明阳刚已渐渐生长。在复卦中，我们能够发现天地的静养万物之心。

《象》曰：**雷在地中，复。先王以至日闭关[1]，商旅不行，后不省方[2]。**

【译文】《象传》说：雷被覆在地中，很难鸣响，极力往外震动以恢复本来的威猛。开国的君王观此卦象，在冬至之日闭关静养，不接纳商旅，诸侯王也不省巡四方。

【注释】①先王：开创之君。至日：冬至之日，是日天寒地冻，宜居家静养，以防雷打冬的不祥之事。民间有“雷打冬，十个牛栏九个空”之说。②后：诸侯王，上古称君主。

【按语】复卦中只有初九为阳爻，上面五个阴爻可互成三个坤卦，为三坤乘一阳的覆压之象。复的下卦为震，震错变成巽，才会现出钱财和商旅，在三坤的覆压下震卦无力进行错变，故不宜商旅出行。

初九：不远，复，无祇悔[1]，元吉。

《象》曰：**不远之复，以修身也。**

【译文】初九：未离开就被覆住，不会有大的悔恨，是吉祥的开始。

《象传》说：“不远之复”，指震卦的阳动之爻被五个阴爻覆住很难发动，这是静修的好机会。

【注释】①不：未。远：离开。复：即覆。祇 qí：大。

【按语】初九阳刚当位，为震卦主爻，具有莽撞冲动之性，然而地位卑微，被三个互坤覆压，难以走动。好在坤卦又为地、为母、为慈爱，能为初九提供养精蓄锐、修心养性的良好环境。地位卑微的初九如同被朝廷层层覆护的百姓，理应抓住机会充实自己。

六二：休复[1]，吉。

《象》曰：**休复之吉，以下仁也。**

【译文】六二：犹如基层管理者在实行休养生息时被覆住，是吉利的。

《象传》说："休复之吉"，说明六二能向下实施仁爱。

【注释】①休：休息整顿。

【按语】六二阴柔中正，如同精明能干的基层领导。在上层领导远离群众，而群众既刚健又安分之时，六二更有机会在群众前面展示自己的才华，故言吉。

六三：频复[1]，厉，无咎。

《象》曰：**频复之厉，义无咎也。**

【译文】六三：在危急时被覆，愁眉苦脸艰难地寻求复本之道，不会有咎害。

《象传》说："频复之厉"，说明六三理应没有危险。

【注释】①频：危急；又可通"颦"，皱眉头。复：覆压兼复返之义。

【按语】六三以阴行阳，处多凶之位，又为震卦的外爻，属震动的表象之爻，被推着上行，上面却被坤卦覆压，无应无助，处境非常危急。但是六三属阴爻，阴爻本性下行，与上面坤卦性格相同，在困境中向坤卦学习，勉强复返，故无咎。

六四：中行独复[1]。

《象》曰：**中行独复，以从道也。**

【译文】六四：持中奉命而行，将初九覆住。

《象传》说："中行独复"，说明六四遵从了自然本性之道。

【注释】①中：令旗、权力、奉命，字形为旗杆上挂着旌旗和飘带，象征中正的权力。

【按语】六四阴柔当位，如同勇于承担责任的近君之臣，在群阴之中挺身而出，独与初九相应，代表群阴与初九沟通，深入群众采纳建议，以维护全卦的生机。

六五：敦复，无悔[1]。

《象》曰：敦复无悔，中以自考也[2]。

【译文】六五：敦促六四覆住初九，没有悔恨。

《象传》说："敦复无悔"，说明六五在六四"中行独复"之前亲自对六四做过认真的考察，所以无悔。

【注释】①敦：敦促。②自：亲自。考：考察。

【按语】六五为覆压初九的首领，因自身过于柔弱，就委派当位的六四去执行。六五处上坤中位，又下乘互坤，为坤卦母性的代表，对待身边的六四就会像母亲对待孩子一样细心照料、无微不至，所以委派六四下应初九不会有悔；不求成功吉祥，只求问心无愧。

上六：迷复，凶，有灾眚[1]。用行师，终有大败，以其国君凶[2]。至于十年不克征。

《象》曰：迷复之凶，反君道也。

【译文】上六：率先去覆初九而迷失方向，很凶险，有灾祸。兴师出兵终会大败，并会连累国君遭遇凶险，大伤元气，十年后还不能再举兵征伐。

《象传》说："迷复之凶"，是由于违反了君臣之道。

【注释】①眚（shěng）：灾祸。②以：及，连累。

【按语】上六处全卦最上又当位，担心六五没有能力管束初九，过于自负，没有请示六五就率军去覆初九，迷途难返，遭遇凶险。君臣之道如同阴阳之道，阴领阳则迷，阴随阳则得，臣子率先就会迷失，随后才能得到精神支柱。

卦二十五　天雷无妄

无妄①，元、亨、利、贞②；其匪正，有眚，不利有攸往。

【译文】至诚无妄，就会具有元始的动力、遵循一定的礼节、维持和谐的状态、坚持正确的理想信念。行为不正当，则有灾殃，有所往则不利。

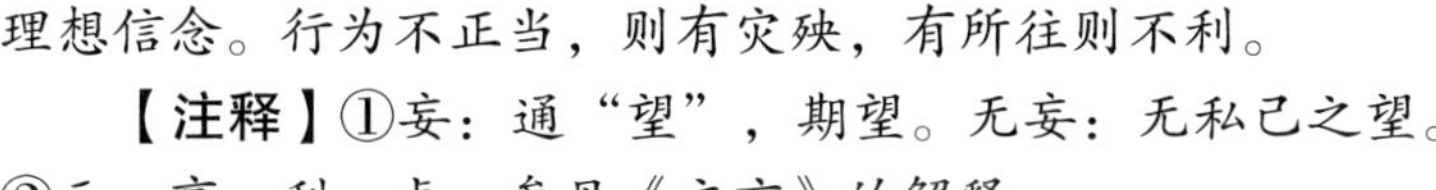

【注释】①妄：通“望”，期望。无妄：无私己之望。②元、亨、利、贞：参见《文言》的解释。

《彖》曰：**无妄，刚自外来而为主于内，动而健，刚中而应，大亨以正，天之命也。其匪正，有眚，不利有攸往，无妄之往何之矣？天命不佑，行矣哉？**

【译文】《彖传》说：无妄卦，阳刚之气自动从外进入内，并成为下卦震体的主爻；震为发动，乾为刚健，下震上乾，说明阳气发动又刚健运行；并且阳刚的九五与阴柔的六二中正相应，极度遵循礼节、维持正道；这都是天命所在。“其匪正，有眚，不利有攸往”，说明居无妄之心，而动非其时，无妄就已失正，即使是没有任何妄念的行为又能到哪里去呢？得不到上天的保佑，怎么行得通呢？

《象》曰：**天下雷行，物与①，无妄。先王以茂对时育万物②。**

【译文】《象传》说：震的活动必须遵循乾德，雷也只能在天的领导下行动，奉天命打雷，使万物自发敬仰，为无妄卦象的含义。先王因此勉励人们顺应时令，养育万物。

【注释】①与：同“誉”，敬仰。②茂：同“懋”，勉励。对时：顺应时令。

初九：无妄往，吉。

《**象**》**曰：无妄之往，得志也。**

【译文】初九：至诚无虚妄，遵天命而往，吉利。

《象传》说：“无妄之往”，说明没有悖妄的行为必能使心志得以实现。

【按语】初九阳刚当位，为下震主爻，为打雷的动力源头，雷公只是遵天命行事，从未存半点私心己愿，正是因为初九无私才能得志。初九为潜龙，震卦为健动，有潜龙发动之象。潜龙发动就会腾云驾雾、飞于山上，出现天翻地覆之景象，使天雷无妄卦综成山天大畜卦（贤人居于宫阙之卦），初九就会变成上九，故言吉。

六二：不耕获，不菑畬[①]，则利有攸往。

《**象**》**曰：不耕获，未富也。**

【译文】六二：耕种不担心没有收获，垦荒不担心得不到良田，如此往前奋斗定会得利。

《象传》说：“不耕获”，说明六二只行耕耘，不问收获，不望其富。

【注释】①菑（zī）：开荒，耕地。畬（yú）：熟地，良田。

【按语】六二阴柔中正，上应九五，下比初九，上尊天意，下爱百姓，只求尽心尽力，从不在乎结果，持毋望（无所期望）的心态，所以无往不利。六二同时处震和艮之体，震为进取、开拓，艮为山野、荒地，下应初九使之变成坤田，就有开荒、耕地之象。

六三：无妄之灾[1]。**或系之牛，行人之得，邑人之灾**[2]。

《象》曰：**行人得牛，邑人灾也**。

【译文】六三：意外的灾难。比喻说邑人将牛系在不该系的地方。行人顺手牵牛，获意外之得；邑人失牛，受到意外之灾。

《象传》说："行人得牛"，说明行人意外得牛而邑人无故蒙灾。

【注释】①无妄之灾：没有想到的意外之灾。②邑：村舍。

【按语】行人（初九）的出现致使坤毁牛失，故言行人之得。二、三爻为坤卦中的邑人，二、三爻失去初六后就与九四互成艮卦，艮为大山、为监狱，被压在艮下，故言受灾。六三处艮和巽之体，艮为手，巽为绳，坤伏其下，有系牛之象。震成坤毁，城坏失牛，六三未动却有损失之灾，因为六三德不配位，同时处震、艮、巽卦之体，震为躁动，艮为大山，巽为森林，喻指身陷深山老林，心里想动却动不了。

九四：可贞，无咎。

《象》曰：**可贞无咎，固有之也**。

【译文】九四：能够坚定理想的信念，不会有咎害。

《象传》说："可贞无咎"，说明具有贞正的品德就没有咎害是由它自身的原因决定的。

【按语】九四阳居阴位，同时处乾、艮、巽三卦之体，乾天有好生之德，艮山有蓄养之德，巽风有逊顺之德，三卦皆有贞正之性，乾天不可逆，巽命不可违，艮山不可移，所以说守贞可以无咎。

九五：无妄之疾，勿药有喜。

《象》曰：**无妄之药，不可试也**。

【译文】九五：患意外之病，不要急于服药，自可痊愈。

《象传》说：不要因为“无妄之疾”而随意去用药。

【按语】九五处巽卦外爻，为鸡头、白眼、小心眼、最前面的风、命令的表象，又下乘艮山，位置过高，容易肆意妄吹妄为。站在高山之巅吹风，又易感风邪；乾金克巽木，还易得肝病。好在九五与六二相应，六二处艮山之脚，艮错为兑喜；故遇六二后，止而有喜。

上九：无妄行，有眚，无攸利。

《象》曰：无妄之行，穷之灾也。

【译文】上九：虽然没有妄为，但是会有灾祸，做什么都不利。

《象传》说：“无妄之行”，不属妄为的行动也带来灾祸，是因为时运穷尽、难以补救。

【按语】上九与六三相应本非自己所望，因为自己为阳爻，阳的本性喜上行，不情愿地奉命下行，易犯过失，并且会引来灾祸，没有一点好处。上九为无妄之极，为亢龙，龙驾雷行，难免受伤。上九又为乾天外爻，为自强不息的表象，若守贞不动则违天道。亢龙的行动和潜龙的发动，会导致无妄卦的综卦山天大畜卦的到来，那样上九就被降为初九，当然不会有利。

卦二十六　山天大畜

大畜[1]，利贞。不家食[2]，吉。利涉大川。

【译文】努力积蓄能量，利于坚守贞正。不使贤才在家里吃闲饭，可获吉祥。涉越江河大川能够获利。

【注释】①畜：积蓄，蓄养。大畜：卦名。内卦为乾、为天、为刚健、为进取，外卦为艮、为山、为安静、为稳重，天藏山下，喻示外表娴静而内心强大，天假借山的积蓄力量以显生之功。②不家食：不食于家。乾为贤人，艮为宫阙，上艮下乾，为贤人居于宫阙之象，有食禄在朝之义。

《彖》曰：**大畜，刚健笃实，辉光日新。其德刚上而尚贤，能止健，大正也。不家食吉，养贤也。利涉大川，应乎天也。**

【译文】《彖传》说：大畜，内卦乾天，性为刚健；外卦艮山，性为厚实；天光山气相映生辉，天天都有新的气象。大畜卦充满阳刚上进之势，又尊重贤人，还能聚止强健的人才，这是宏大正直的力量。“不家食吉”，是为国家蓄养贤才。“利涉大川”，因为这种追求符合天道。

《象》曰：**天在山中，大畜。君子以多识前言往行，以畜其德。**

【译文】《象传》说：天隐藏在山中，假借山的壮观和神秘来显示天道的积极进取，为大畜卦象的含义。君子观此卦象，从而广泛地学习古人的嘉言善行，以培养外静止、内不息的品德。

初九：有厉，利巳[1]。

《象》曰：**有厉，利巳，不犯灾也**。

【译文】初九：尽管远行会有艰难危险，只要事先祭祀神明就能逢凶化吉。

《象传》说“有厉，利巳”，指祭祀就不会犯难于灾祸之中。

【注释】①巳：通“祀”，祭祀。

【按语】初九为乾天下爻，与六四正应，但中间被两个阳爻阻挡。六四处互兑之体，下乘乾卦，为天上雨泽之象。初九处乾体，乾为干旱，又在互卦泽天夬之中；所以此时的初九如同靠天吃饭的百姓，在干旱时祭天求雨，因心诚而得应。

九二：舆说輹[1]。

《象》曰：**舆说輹，中无尤也**。

【译文】九二：车辆出现了故障，因为车轮脱落或刹车坏了。

《象传》说：“舆说輹”，说明九二虽不当位、易出故障，但居下卦中位又上应六五，所以不用忧虑，车辆可以维修，不会妨碍出行。

【注释】①舆：车。说：通“脱”，脱落。輹：在车轴下面束缚车轴的东西，也叫伏兔。

【按语】九二为乾卦中爻，乾为老马、为大车，上承震卦，震为发动、为善鸣之马，九二上应六五，喻示老马出门就与善鸣的马结伴拉车奔走，以致脱离了初九伏兔。因为九二为乾卦主爻，有仁慈好生之德、自强不息之性，能迅速自我修

复，故无忧。

九三：良马逐，利艰贞。日闲舆卫[1]，利有攸往。

《象》曰：**利有攸往，上合志也[2]。**

【译文】九三：良马在奔逐，利于艰辛地坚守贞正。每天不断熟练车马防卫的技能，有所往则有利。

《象传》说："利有攸往"，指尚可符合心意，因为向上发展符合全卦的大义。

【注释】①闲：通"娴"，熟习，熟练。舆卫：驾驭车马的技艺和防卫的本能。②上：往上；又通"尚"，尚可。

【按语】九三为乾卦外表爻，为良马的外貌；九三又与六四、六五互成震卦，成为善鸣的奔腾之马；故有两马追逐之象。因为前面被艮山阻挡，所以行程很艰难。然而在山下训练、提升技能是与大畜卦的积蓄力量的宗旨一致的，也喻示九三应该把握全局。

六四：童牛之牿[1]，元吉。

《象》曰：**六四元吉，有喜也。**

【译文】六四：小牛犊的犄角上被横缚木棒，开始就很吉祥。

《象传》说"六四元吉"，说明至为吉祥，值得欣喜。

【注释】①牿（gù）：绑在牛角上使其不能触人的横木。

【按语】坤为牛，坤卦上面加一根横木便成艮卦，六四处于艮卦的下方，如同角上架着木架的牛犊在山脚下被驯养，将来定会受人器用。六四为君主命令的执行者，与上面两爻互成艮卦，与初九阴阳正应，又可与九二、九三互成兑喜，全卦四个阳爻都在六四的蓄养之中。喻示近君大臣能像小牛犊一样积蓄自己的力量必获大吉。

六五：豮豕之牙[1]。**吉**。

《象》曰：**六五之吉，有庆也**。

【译文】六五：受过阉割的长嘴猪，嘴里的牙齿虽然锋利却不会伤人，所以吉祥。

《象传》说：六五的吉祥，是因为具有刀子口豆腐心、外刚内柔的性格，是值得庆贺的。

【注释】①豮（fén）：被驯化过的野猪，又指阉过的猪。豕（shǐ）：耳大嘴长的猪。

【按语】六五处上互的小颐卦之中，形似猪嘴中的牙齿；六五以柔处尊位，上承上九，下应九二；居艮卦中爻，下乘互兑；艮为阻止，兑为锋锐，有以安静止刚猛之象；所以说猪牙锋利却不咬人。喻指六五虽已蓄有强大的国力，但不侵略他国。六五居艮、震之体，下乘兑、乾，艮为庄严，震为刚健，兑为喜悦，乾为美善，故言吉庆。

上九：何天之衢[1]。**亨**。

《象》曰：**何天之衢，道大行也**。

【译文】上九：终于爬上了山顶，踏上了上天赐予的大蓄天下的道路，畅通无阻。

《象传》说："何天之衢"，是指遵循上天的旨意，克服诸多艰难，积蓄了足够力量，终于登上了山顶，拥有了自由发展的空间。

【注释】①何：通"荷"，承蒙。衢（qú）：四通八达的大道路。

【按语】上九处艮山之顶，离天最近，下有震卦（大道路）、兑卦（喜悦）、乾卦（大车、良马、天），故言天之衢；喻示在君主的支持下，有能力的退休元老可以挂帅出征。

卦二十七　山雷颐

颐[1]，贞吉。观颐[2]，自求口实[3]。

【译文】颐卦：持守正道可获吉祥。研究观察颐养之道在于自我把握虚实的修炼方法。

【注释】①颐：《序卦》说“颐者，养也”，颐卦内含两个互坤卦，坤为釜、为腹、为顺、为吝啬、为物众，有釜以熟物、物以果腹、顺阴阳、遵四时、珍惜生命、颐养天年、养生、养德、养己、养人之象。②震卦一阳居下，仰观其上；艮卦一阳居上，俯观其下；观万物颐养之法，反身以求自养，谓之观颐。③口实：口者，虚中之物。实者，充实之谓。虚其心，实其腹，虚实相应，动止适时，即为口实。“口实”有别于口中的食物。颐中空虚，以物实之为养；若口中无物，难能为养，故曰“自求口实”。

《彖》曰：颐，贞吉，养正则吉也。观颐，观其所养也。自求口实，观其自养也。天地养万物，圣人养贤以及万民，颐之时大矣哉。

【译文】《彖传》说：“颐，贞吉”，是指颐养依循正道可获吉祥。“观颐”，就是观察研究颐养之道。“自求口实”，就是虚实相应、动止适时的自我修炼。天地养育万物，圣人颐养贤人以及万民。颐养之道不失其时，此中意义太大了。

《象》曰：山下有雷，颐。君子以慎言语，节饮食[1]。

【译文】《象传》说：雷动于下面而生，山止于上面而养，为颐卦之象。君子观此卦象，谨慎言语以养其德，节制饮食以养其生。

【注释】①震动所以养，艮止所以节；艮错为兑，兑伏于艮，兑为口，口可以言语饮食；震错为巽，巽伏于震，巽为准绳，可以判断节制的标准；口谨言语之出、饮食之入，方符颐养之道。

初九：舍尔灵龟[1]，观我朵颐[2]，凶。

《象》曰：观我朵颐，亦不足贵也。

【译文】初九：舍弃你的灵龟不用，却死死地盯着人家吃东西，不于内自养，而求养于外，弃真认假，必遭凶险。

《象传》说："观我朵颐"，说明只求口体之养，不值得崇尚。

【注释】①灵龟：一种象征长寿富贵的灵物，耐饥渴，善自养，其甲可用作占卜，能通神，又称神龟。在上古为国之重器，只有天子和诸侯才可使用龟，其他的人都没有使用与收藏龟的资格。②朵：树木枝叶花实下垂貌。朵颐：鼓动腮颊进食，大快朵颐，形容非常快活地享受口福之乐。

【按语】颐卦爻象为大离卦，离为龟，卦象为上艮山、下震动，初九居最下，有山下龟动之象。颐卦变自观卦，观卦爻象为大艮卦，艮外刚内柔与龟体性同；观卦为神道设教、为祭祀，艮卦为宫阙、为尊贵；初九从观卦（大艮）五爻来到颐卦初爻，喻指宫廷之龟变成山下之龟，故说舍尔灵龟。颐卦爻象似一张嘴，初九从观卦来到颐卦，喻指因贪吃而舍弃了尊贵体面的生活，故说观我朵颐。初九为震卦主爻，震为上升、莽撞、冲动，上面被艮山压着无处可动，故凶。

六二：颠颐，拂经于丘[1]，颐征，凶。

《象》曰：六二征凶，行失类也。

【译文】六二：颠倒颐养关系，又不顾常理向上强求，遭到了山丘般的民众的阻挡。如果为了颐养而征讨，必定遇到凶险。

《象传》说：六二出征会遇到凶险，是因为他的行动失去了大众的支持。

【注释】①拂（fú）：违逆。经：经文，道义，常理。拂经：违逆占卜的神意。

【按语】易理讲究下从上、上养下、女从男、阳养阴；六二阴柔不足以自养，向下求助初九，属颠倒颐养关系。六二处震卦中爻，震为莽撞、冲动，容易不顾常理，为了生活就去强行抢劫，会因民众的制止而陷入凶险。六二居震体，上承坤艮两卦，坤为邑、为众，艮为丘、为止，故言拂于丘。

六三：拂颐，贞凶，十年勿用，无攸利。

《象》曰：十年勿用，道大悖也。

【译文】六三：违逆颐养之道，倘若不知归正迁善，固执不变，必定有凶，十年难有作为，无利可图。

《象传》说："十年勿用"，因为这种行为与大道相背。

【按语】六三柔居刚位，处两坤之体，坤本宜静，但处震卦外爻，为动之极，故有拂颐违逆颐养之象。六三上行呼应上九，下行与六二、初九互成震卦；又同时联系上下两个阳爻互成大离卦，离为龟，龟性好静、胆小；六三的活跃行为与龟性相悖、故说道大悖、坤为土，土数成于十、故说十年；六三与上九正应，上九处艮体，艮为止，故说勿用。六三为震动之极，上九应而止之，既违背了坤众之意，又违背了离龟之意，很容易在山下遭雷电之祸，故说无攸利。

六四：颠颐，吉。虎视眈眈，其欲逐逐，无咎。

《象》曰：**颠颐之吉，上施光也。**

【译文】用上阴养下阳为颠颐。六四与初九相应，因自身阴柔不足以养初九，幸好居上卦艮体，可获六五与上九的帮助，故吉。艮下伏兑虎，犹如猛虎捕食般盯着食物，随时准备奔跑追逐，因其专注、迅猛、无畏，所以无咎害。

《象传》说："颠颐之吉"，指六四借上而养下，其养下之力全凭上面所施的恩惠与光明。

【按语】六四阴柔当位，精明能干，同时与内、外卦的阳爻发生关系，虽有强烈的愿望，但能适可而止，故无咎。

六五：拂经，居贞吉，不可涉大川。

《象》曰：**居贞之吉，顺以从上也。**

【译文】六五：身居尊位却求养于下，不合常理；为固守全局而重用贤人，可得吉；不可随意远涉大江大河。

《象传》说："居贞之吉"，因为六五柔顺居尊位，并能倚重阳刚上九。

【按语】五爻为天子之位，身负颐养天下之职，自身过于柔弱，不能胜任其职，故逆行求助上九，违背阴爻下行之道，为拂经。六五虽居尊位却下无应爻，又被困在艮山之中，守中静养才能获得吉祥。

上九：由颐[①]，厉吉。利涉大川。

《象》曰：**由颐厉吉，大有庆也。**

【泽文】天下百姓都依靠他的养育而得以安居乐业；虽很艰难，但结果是吉祥的，有利于涉渡大江大河。

《象传》说："由颐厉吉"，说明上九能够获得大家的拥戴。

【注释】①由：遵循，依靠。

【按语】上九处颐卦最上，居高山之顶，具有丰富的颐养之资；既能养内，又能养外；既能养己，又能养人；为追求颐养的理想目标。颐卦的卦画似一条外实内虚的宽阔的大船，上九俯视全卦，如同大船的掌舵者；所以，上九能够得到大家的真诚拥戴而欢庆。

卦二十八　泽风大过

大过，栋桡[1]，利有攸往，亨。

【译文】大过卦：在栋梁之材被水冲得变成弯曲的发洪水的非常时期，可以建立拯救生命的非常功绩，有所往则有利，把握好方法和时机就会通泰。

【注释】①桡（ráo），弯曲。

【按语】泽卦为上兑下巽，兑为泽、为水，巽为木、为风，有湖边刮风、湖水淹过了旁边的草木之象。《系辞》中说棺椁取之于大过。大过下巽为木，上兑为反木，中间互乾为人，有人在棺中之象。

《彖》曰：大过，大者过也。栋桡，本末弱也。刚过而中，巽而说行，利有攸往，乃亨。大过之时大矣哉。

【译文】《彖传》说：大过卦爻象为两个阴爻夹着四个阳爻，喻指阳爻过多、内心过于刚烈。外卦为兑，兑主悦；内卦为巽，巽主淫；外悦内淫，定然会有大过失。“栋桡”，是说栋梁之材弯曲因为两头太细，向外膨胀的力量大过向内收缩的力量。阳爻虽过多但占据了上下卦的中位，喻示房屋上的栋梁弯曲不堪负荷、有倒塌的危险时，循着巽顺兑悦的本性，提前离开居处另谋生路，可得亨通。大过之卦，凶吉并容，其中把握时机的意义非常重大。

《象》曰：泽灭木，大过。君子以独立不惧，遁世无闷[1]。

【译文】《象传》说：上泽下木，喻指泽水淹没了草木，属于反常的大过现象；因为只有木上泽下，以水养木，才属正常情况。君子观此卦象，得出了水能载舟亦能覆舟之理；所以，不倚不靠、凛然独立，毫不畏惧；以愚钝之心面对世事，无所苦闷。

【注释】①遁：同“钝”，愚钝。遁世：义同《文言》初九。

【按语】巽卦为寡、为高，故谓独立；巽又为木，错变为震，震为惊恐、为惧怕，震隐伏于巽下不出现，故说不惧。巽为山林、为进入，居内卦，喻指内守愚钝犹如身居深山；兑为喜悦、为欢乐，居外卦，喻指面带笑容全然不知苦闷。

初六：藉用白茅[1]，无咎。

《象》曰：藉用白茅，柔在下也。

【译文】初六：恭敬地用白茅垫着祭品以表达祭祀之虔诚，没有罪咎。

《象传》说：“藉用白茅”，说明初六柔顺居下，顺从巽卦之性。

【注释】①藉（jiè）：铺垫。

【按语】大过卦为上兑下巽，兑为饮食、愉悦、享乐，巽为柔顺、跟从、淫乱，有下面跟从上面享乐之象，喻指此时全民为所欲为、追求享乐。然而乐极生悲，兑悦下乘互乾，喜悦逾越了天，甘露变成了暴雨，就会给地上带来洪灾。阴柔不当位的初六，上承两个互乾，犹如身份卑微、能力薄弱的百姓，面对从天而降的灾难只能虔诚祈祷。四个阳爻下乘一个阴爻，形似地面上长得很茂盛却根基很浅的茅草，初六正好与草根对应，故言藉白茅。因为洪水不会给草根带来危害，故无咎。

九二：枯杨生稊[1]，老夫得其女妻，无不利。

《象》曰：**老夫少妻，过以相与也[2]**。

【译文】九二：枯老的杨树重新长出新芽，老头子娶了年轻的妻子，没有什么不利的。

《象传》说：夫老妻少，年龄不当，这是过度的结合。

【注释】①稊（tí），通“荑”，草木新生，发芽；又指树的根部。②过：过度。相与：结合、相处。

【按语】九二上承互乾，自身又居乾体，乾为老父；下乘初六，初六为巽卦主爻，巽为长女；九二处老父、长女相合之位，为老夫娶少妻之象。九二阳居阴位，处巽卦中爻，巽为风、为易变、为命令，能与初六呼应，如同精明能干的地方官得到了百姓的依附，自然吉祥。也喻指在非常时期用非常手段聚集力量并无不妥。

九三：栋桡，凶。

《象》曰：**栋桡之凶，不可以有辅也**。

【译文】九三：过于阳刚却不得中位，如同栋梁过于弯曲而无法恢复，这是凶险之象。

《象传》说：“栋桡之凶”，说明不能再添加辅助了。

【按语】九三刚居阳位，又处互乾之中，过于阳刚，并在下卦巽木最上，为木秀于林之象，易遇风摧之险。巽卦上实而下虚，下虚本来易倾，若再添阳相助，后果凶不可测。

九四：栋隆吉[1]，有它，吝。

《象》曰：**栋隆之吉，不桡乎下也**。

【译文】九四：在过刚的局面中，懂得利用柔软的手段处理问题，如同栋梁在洪水中向上浮起，可使受灾的人获得脱险的机会，遇难成祥。如果被别的草木绊住就很难脱险。

《象传》说：“栋隆之吉”，因为栋梁的中间没有向下

弯曲。

【注释】①隆：高耸；能承重物的弧形拱圈，喻指向上忠于君主。

【按语】九四阳居阴位，在上卦兑泽湖水之中，下乘巽木，木在水中自然上浮，故隆。如果九四不把握巽木的浮水之性，只单恋初六之阴爻，就会有凶。

九五：枯杨生华，老妇得其士夫，无咎无誉。

《象》曰：**枯杨生华，何可久也。老妇士夫，亦可丑也。**

【译文】九五：枯杨开花，老妇配了个壮夫，无过失也得不到人们的赞誉。

《象传》说："枯杨开花"，说明不生根而生华，不能长久。"老妇士夫"，老妇人嫁给年轻人，无能生育也不光彩。

【按语】九五处兑卦中位，又居互乾之体，兑为钢刀、为毁折，乾为大赤、为干旱，下乘巽木却无应助，根不得养，犹如枯杨。枯杨居兑体，兑为华，有枯杨生华之象。九五获上六呼应为得士夫。

上六：过涉灭顶，凶，无咎。

《象》曰：**过涉之凶，不可咎也。**

【译文】上六：在洪水中抢抓木头的一端未果，被水淹过头顶，虽然遇凶，但无过错。

《象传》说："过涉之凶"，是说虽然涉水遇难，但不能被责怪。

【按语】上六居全卦顶端，似洪水的浪尖，下乘互乾，乾为头、为首，有洪水漫过了头顶之象。上六在天上，九三在水下，两爻虽正应却没法相遇，故凶。然而上六下乘九五，九五为兑泽中爻，是一位为民施泽的君主，上六忠君报国，为救灾献身，并无过错。

卦二十九　坎为水

习坎[1]，有孚维心亨[2]；行有尚[3]。

【译文】每次尝试都遇险陷，不过心怀诚信就会亨通；努力前行定获神明奖赏。

【注释】①习：重复。习坎：一、两坎相重，坎为险为水，其象为重重险阻；二、坎卦外虚内实，象征诚心、心中实在，是天人感应的必备条件，故习坎又有在行险前反复练习与祈祷之义；三、“习”的繁体为“習”，本义为小鸟反复地试飞，坎为险陷，习坎又指每次尝试都遇险陷。②维：系，连结。③尚：同“赏”，帮助。

《彖》曰：**习坎，重险也，水流而不盈。行险而不失其信，维心亨，乃以刚中也。行有尚，往有功也。天险，不可升也。地险，山川丘陵也。王公设险，以守其国。险之时用大矣哉。**

【译文】《彖传》说：“习坎”，是指险阻相重，又指水长流而不停蓄。坎为险，人行险道而不违其信诺，心诚就会亨通，因为爻象表明，九二、九五阳爻居两卦的中位，象征人有刚健中正之德。“行有尚”，努力往前就能获功德。天之险，在于没有阶梯升达。地之险，在于山川交错，丘陵起伏。王公高筑城郭，深挖壕堑，设置险阻，其意在于保卫国家的安全。把握时机，利用险阻，其中的意义是很大的。

《象》曰：**水洊至[1]，习坎。君子以常德行[2]，习教事。**

【译文】《象传》说：坎为水，水长流不滞，是险情

环生之象。君子因此效法细水长流的德行，研习教化民众的方法。

【注释】①洊（jiàn）：一次又一次。②常：同“尚”，尊尚。

初六：习坎，入于坎窞[1]，凶。

《象》曰：**习坎入坎，失道凶也。**

【译文】初六：每次尝试都遇险陷，再试会掉进更深的险陷，非常凶险。

《象传》说：“习坎入坎”，说明初六迷失道路、遭遇凶险。

【注释】窞（dàn）：极深的坑，坑中之坑。

【按语】初六卑微无能，陷入两坎之下，又与六四敌应，不能胜任自己的职位，只能随波逐流，在洪流中根本分辨不出方向的对错。

九二：坎有险，求小得。

《象》曰：**求小得，未出中也。**

【译文】九二：身处陷阱无法脱身，寻求一些维持生命的方法，会有所得。

《象传》说：“求小得”，说明九二没有离开下卦中位。

【按语】因为九二是阳居阴位，能力大于职位，又居下卦的中位，为坎水的主爻，顺着水性下流可与初六相应；初六属阴，阴为小，获得初六的呼应为小得。

六三：来之坎坎，险且枕[1]，入于坎窞，勿用[2]。

《象》曰：**来之坎坎，终无功也。**

【译文】冒着重重危险走来就职，没想到掉进了很深的陷阱，已无法复出。

《象传》说："来之坎坎"，说明六三来到的是多坎之地，终究会徒劳无功。

【注释】①枕：同"沈"，表示程度很深。②勿用：指不可复出的绝望心情。

【按语】三为多凶之爻，六三阴柔不当位，同时处坎、震、艮之体；坎为水，其性下流；震为躁动，喜欢上冲；艮为山，为阻挡、为制止；六三不能往上，只能下行求助九二；九二只会下行与初六相应，致使六三陷入绝望。

六四：樽酒[1]簋贰[2]，用缶，纳约自牖[3]，终无咎。

《象》曰：樽酒簋贰，刚柔际也[4]。

【译文】六四：近君之臣，平时用铜樽盛酒，用圆簋盛饭；现在身陷囹圄，只能用瓦盆吃饭；瓦盆的送入和取出，只能经过窗户；最终脱离危险。

《象传》说："樽酒簋贰"，因为六四为阴柔得位的近君之臣，善于与阳刚的九五交往。

【注释】①樽（zūn）：在宴席上盛酒的器皿。②簋（guǐ）：青铜或陶制盛食物的容器，圆口，两耳或四耳。贰：应为"资"，形似而误；资，同"粢"（zī），饭食。③牖：窗。④际：交往，交接。

【按语】六四身处坎险又居艮狱之中，只因阴柔当位，并处震卦动之极，善于与九五交往，终究会因"刑不上大夫"而无咎。六四在两坎交际之处，身处坎体，又下乘一坎卦，坎为饮食、为险陷，喻指因贪杯而身陷囹圄。

九五：坎不盈[1]，祇既平[2]，无咎。

《象》曰：坎不盈，中未大也。

【译文】九五：坎水不停地流，将小山丘冲平了，没有

咎害。

《象传》说："坎不盈"，说明九五虽中正处尊位，但从未以之为大。

【注释】①不盈：不停滞。②祇：通"坻"（dǐ），小山丘。

【按语】九五与上下两阴爻互成坎卦，坎为水，水性下流，所以不会自大。九五管住六四，使之不与六三互成艮卦，灭艮而使丘平，使六四尽力为自己效劳，故无咎。爻辞又指在洪水来到时爬上山顶可以免灾。

上六：系用徽纆[①]，寘于丛棘[②]，三岁不得，凶。

《象》曰：上六失道，凶三岁也。

【译文】上六：被人用绳索捆住，扔在荆棘丛生的临水山顶上，三年得不到释放，非常凶险。

《象传》说："上六失道"，说明上六会因迷失道路而使凶险持续三年之久。

【注释】①系：捆绑。徽纆（mò）：粗绳子；三股绳为徽，两股绳为纆。②丛棘：为两坎的卦画之形，又指代监狱。寘（zhì）：同"置"，安放。

【按语】上六本应与第三爻相应，可是三爻与自己相敌，只好近应九五。九五为了保持高山般的威严（维护艮卦），只能应六四，不能往上呼应上六。上六处坎水之体，又乘艮山之上，为流水被高山阻挡之象，找不到往下流的渠道，故失道。

卦三十　离为火

离[1]，利贞，亨。畜牝牛，吉。

【译文】离卦："元亨"的春夏已过，接下来处理"利贞"的事情，结果是亨通的。君王若能将当权的官员训练成柔顺的母牛一样，自然吉祥。

【注释】①离（☲）为火，火者，有气无质、不实不定，离开燃料就会熄灭；上下皆离（☲），象征附着同丽。

【按语】离卦中九四、六五不当位；九四为泽卦中爻，往下互成革卦，为变革、为除旧；九三为巽卦中爻，往上互成鼎卦，为稳定、为创新；有宰相欲谋反却被太子平定之象。离为火、为文明，上层政治斗争往往以宣传文明（离卦之性）为手段。

《彖》曰：**离，丽也。日月丽乎天，百谷草木丽乎土。重明以丽乎正[1]，乃化成天下。柔丽乎中正[2]，故亨。是以畜牝牛，吉也。**

【译文】《彖传》说：离，就是附丽的意思。日月附丽于天空，百谷草木附丽于大地。太阳永远服从天道、从东方升起，促使万物的生化和天下的昌盛。柔顺者附丽在适中、正确之处，所以前景亨通。因此卦辞说畜养母牛可获吉祥。

【注释】①明：太阳的光辉。重明：太阳反复升起。以：因为。正：天道的中正运行。②柔丽乎中正：既要中正，还

要柔丽；有例行，又有例外；例外的同时不失中正才能亨通。这里指下卦六二居中正之位，引领下离附丽上离。

《象》曰：明两作[1]，离。大人以继明照于四方。

【译文】《象传》说：太阳两次相继升起，这是离卦的卦象。伟大的人物观此卦象，从而以源源不断的光明照临四方。

【注释】①明：太阳。作：升起。

初九：履错然[1]，敬之无咎。

《象》曰：履错之敬，以辟咎也。

【译文】初九：百姓踏着纷乱的战火行走，而对上层的权力斗争敬而远之，故无咎害。

《象传》说："履错之敬"，指的是为了避免咎害。

【注释】①履：步履，这里指脚步声。错然：杂乱。

【按语】初九阳刚当位，如同安分守己的百姓，只会尽力做好自己，服从上司的领导；上无应爻，不会进入内互大过卦之中；故无咎。

六二：黄离[1]，元吉。

《象》曰：黄离元吉，得中道也。

【译文】六二：依附黄色政权，大吉大利。

《象传》说："黄离元吉"，因为六二阴柔当位，并居下卦中位。

【注释】①黄：尊贵、吉祥之色。

【按语】六二虽与六五敌应，但六二能与九三、九四互成巽卦，巽为命令、为书信，说明六二可通过九三、九四与君主六五沟通，不越级上访，符合中道，故吉。

九三：日昃之离[1]**，不鼓缶而歌**[2]**，则大耋之嗟**[3]**，凶。**

《象》曰：日昃之离，何可久也。

【译文】九三：在太阳西坠附丽天空的黄昏时（六五的垂暮之年），不鼓缶歌舞祈祷，尽快制服不安分的九四，就只能发出年衰岁暮的嗟叹，难免遭遇凶险。

《象传》说："日昃之离"，是说黄昏时的光明怎么可能长久呢？

【注释】①离：离不仅有火、附丽之义，还有目、网眼、猎捕之义。昃（zè）：太阳偏西，九三处互兑为西。②缶：盛酒瓦器；离卦中空形似缶。击缶：民间音乐形式，未得官方认同。③耋（dié）：指八十岁的老人。

【按语】九三阳爻当位，处下卦上爻，为离火之外表；与六二、九四互成巽木，能为离火提供原料；属于全卦最重要之爻，如同一个非常有能力的君位继承人。因为六五阴柔无能，九四却阳居阴位，怀有篡权的野心。九三（太子）只有酒尽击缶而歌，麻痹九四，出其不意将之擒拿，迫使九四效忠六五、往上互成离火，利于九三发挥鼎卦稳定创新的能力；否则，九四挟制六五往下互成革卦，就会有凶。

爻辞又指：在太阳偏西的狩猎之际，如果不鼓缶歌舞祈祷，带领百姓努力奋斗，就会有死丧的嗟叹；不趁禽兽夜归的机会尽力捕猎，易遇凶险。

九四：突如其来如，焚如，死如，弃如[1]**。**

《象》曰：突如其来如，无所容也。

【译文】九四：灾难突然降临，巽木被兑刀砍、被离火烧，上下民众汇成泽水灭掉离火后离弃，剩下一片废墟。

《象传》说："突如其来如"，说是九四阳居阴位，不安分守己，其附丽无法被民众接受。

【注释】①这里五个“如”字都用作助词，无义。突如，火之燃；焚如，火之旺；死如，火之灭；弃如，火之灰。

【按语】九四同时处巽木、离火、兑泽之体，有木被烧燃后又被浇灭之象。九四为近君之臣，阳居阴位，又在互卦火泽睽之中，喻指将施予民众的恩泽变成威胁六五的武器，以致遭到民众的反对。

六五：出涕沱若[①]，戚嗟若[②]，吉。

《象》曰：**六五之吉，离王公也。**

【译文】六五：眼泪如雨滂沱而下，是为亲近的人忧伤、哀泣，最终逢凶化吉。

《象传》说：六五的吉利，是因为附丽王公九三。

【注释】①涕：眼泪。沱：泪如雨下的样子。②戚：忧，悲戚；又指亲戚、亲近的人。

【按语】六五性情柔弱，被上下两个阳爻逼迫，下面近君大臣对之不甘屈服，上面元老对之不屑一顾，在忧惧之中又不得六二相应，故痛哭；幸得刚健的九三顺着火势上来，将六五推到兑金尖上，由柔弱变锋利，砍断巽木，把九四溶入泽水之中，灭掉林中之火，故吉。离为目，兑为泪，有泪如雨下之象。兑又为嘴，喻指六五为九四的不安分而叹息。

上九：王用出征，有嘉折首[①]，获匪其丑[②]，无咎。

《象》曰：**王用出征，以正邦也。获匪其丑，大有功也。**

【译文】上九：被君王差遣带兵征伐，斩杀了敌人的首领而得奖赏，抓到了许多俘虏，没有咎害。

《象传》说：“王用出征”，说明上九可用来安邦定国。“获匪其丑”，是说上九大获胜仗。

【注释】①折首：斩杀首领；又有俯首、低头的意思。

②丑：同类，又有俘虏的意思。

【按语】上九已是离卦最高点，离代表光明，上九在两离之上，阳居阴位，能力胜过自己的职位，精明能干，自然能够洞察全局的每一角落；在征战的过程中，只斩杀首领，而放过随从者，不滥杀无辜，所以无咎。爻辞中“折首”又指俯首，因为上九只应六五，得到六五的嘉奖才俯首听命于九三，共同制服了九四，故言折首获丑。

下　经

卦三十一　泽山咸

咸[1]，亨、利、贞，取女[2]，吉。

【译文】咸卦：无心之感，亨通顺利，为有利之兆。娶妻可获吉祥。

【注释】①咸：即“感”字去“心”，意为真诚交感。②取：通“娶”。

【按语】咸卦为上兑下艮，兑代表少女，艮代表少男，少男少女相互交感；此时的交感，已越过了起始阶段，不再需“元”德，所以，只有“亨、利、贞”三德。泽为湖，艮为山，都是静止无心之物，却相互映衬，为天然的无心之感。兑又为少女、愉悦，艮又为少男、阻止，少女在上而悦，少男在下而止，虽两心相应，却似湖与山一般安静。

《象》曰：**咸，感也。柔上而刚下，二气感应以相与，止而说[1]，男下女[2]，是以亨利贞，取女，吉也。天地感而万物化生。圣人感人心，而天下和平。观其所感，而天地万物之情可见矣。**

【译文】《象传》说：咸，就是感应的意思。咸的上卦为兑，兑为阴为柔，下卦为艮，艮为阳为刚，所以说柔上而刚下。阴阳二气互相感应而交融，像男女婚配真心相应而愉悦，所以卦辞说“亨利贞，取女吉”。天地以阴阳二气相感应而使万物化生。圣人以其德行感动民众而使天下和平。观其所感，察其所应，天地万物的性情就可以明白了。

【注释】①说：通“悦”。止而说：下卦为艮，艮为山、为止、为共处；上卦为兑，兑为湖、为悦、为恩泽；上兑下艮说明咸卦含有融洽共处、互相交感的愉悦。但是，山、湖皆不能动，故说止而悦。②男下女：古时重男轻女，唯婚礼上有“男下女”的要求。比如男子到女家迎亲时，女子登车、男子授绥（登车时手挽的索），女子乘车、男子御车等礼仪。

《象》曰：山上有泽，咸[1]。君子以虚受人。

【译文】《象传》说：山下泽上，山顶上虚载泽水，山气水息互相感应，为咸卦的卦象。君子因此效法山顶的虚怀和泽水的施舍，用谦虚的态度接受他人的指正，用慷慨的胸襟扶弱济困。

【注释】①咸：同“衔”，又通“函”，有包含、容纳之义。山顶上有泽水，为大山张嘴衔水（涎）之象。

初六：咸其拇[1]。

《象》曰：咸其拇，志在外也。

【译文】初六：感应发生在脚趾。

《象传》说：大脚趾在动，说明其志在于出行。

【注释】①拇：足大趾。

【按语】初六不得位，又处于山脚之下，却想应九四，如同刚出生的婴儿欲行无力，只能动脚趾。此时为人之初感。

六二：咸其腓[1]，凶，居吉。

《象》曰：虽凶居吉，顺不害也。

【译文】六二：感应发生在腿肚子，而腿无主见，会有凶险；安居守静可获吉祥。

《象传》说：虽为凶兆，但安居守静可获吉祥，因为顺从九三可以避免咎害。

【注释】①腓（féi）：小腿，腿肚子；引申为跑腿。

【按语】六二阴柔当位，如同忠贞的地方官，可比作君主九五的小腿，故言咸其腓。然而九五为兑卦中爻，有刚锐、好战之性；又处互乾外爻，为展现刚健向上之爻；所以九五不愿屈尊下应六二。六二又被困在艮卦山腰，若盲目去呼应九五会遇险受伤；安居不动，顺从九三，则可得艮卦门庭的保护。

九三：咸其股，执其随，往吝。

《**象**》**曰：咸其股，亦不处也。志在随人，所执下也。**

【译文】九三：感应发生在臀部，并且还跟着别人走，将会产生憾惜。

《象传》说："咸其股"，指九三不是好静的处女。"志在随人"，说明九三致力于追随他人的心愿和主张是卑下不足取的。

【按语】九三居巽、艮之体，巽为淫、艮为山，有在山顶卖弄风骚之象。九三又处互乾之体，乾为刚健、为车轮、为运转，所以不停地往前冲，刹不住车，走到前面却被泽湖挡住去路，故憾惜。九三处山顶，与上六湖面相互映衬，但只是心灵的感应，不会有身体的亲近。

九四：贞吉，悔亡。憧憧往来[1]，朋从尔思。

《**象**》**曰：贞吉，悔亡，未感害也。憧憧往来，未光大也。**

【译文】九四：感应发生在心部，持守忠贞可获吉祥，悔恨将会消失。即使自己与朋友们交往时心意不定，朋友们也会顺从自己的意愿。

《象传》说："贞吉，悔亡"，说明九四未因与初六相感而遇危害。"憧憧往来"，指心意未定，还没做出光明正大的选择。

【注释】①憧：如同孩童一样心神惶惑不宁，心意未定。

【按语】九四为近君大臣，阳居阴位，能力胜过职位而心意不定，为了向上互成兑卦而取悦九五与上六，却因错过下应初六而后悔。九四又为乾卦中爻，乾为坚贞、美好；九四同时还居互巽之体，巽为命令、权力；故言贞吉。九四虽在犹豫不决的巽卦中，但往下可互成风山渐，风在山上刮，山上树木都会随风而动，故言朋从。四爻本来对应人的心部，只因泽与山为真诚的无心之感，故在心位不言心。

九五：咸其脢①，无悔。

《象》曰：咸其脢，志末也。

【译文】九五：感应发在腰背敏感部位，没有悔恨。

《象传》说："咸其脢"，说明胸无大志，只在乎微小的自我感应，忽略了感动天下人的职责。

【注释】①脢（méi）：背上的肌肉；引申为不能自由行动。

【按语】九五处于兑湖中，六二处于艮山中，二者虽有应却不能自由相见，如同父母做主的包办婚姻。但无悔，因为九五与六二皆中正，都以遵从父母的意愿为原则。

上六：咸其辅①、颊、舌。

《象》曰：咸其辅、颊、舌，滕口说也②。

【译文】上六：感应发生在腮帮、脸颊、舌头。

《象传》说："咸其辅颊舌"，这是因为少男在下位，

使少女高兴得眉飞色舞、叽叽喳喳。

【注释】①辅：牙床，腮帮。②滕：水向上喷涌，张口就说，信口开河。

【按语】上六本想下应九三，而九三的心却在六二，于是上六信口开河用甜言蜜语去感动九三。上六为咸卦最高位，是咸卦特征的展示之爻，代表兑卦向艮卦表达爱意，可是艮卦固守礼法不予回应，发乎情而止乎礼，这也是咸卦的主要含义。

卦三十二　雷风恒

恒，亨，无咎，利贞，利有攸往。

【译文】遵守恒久之道而通达，没有咎害，利于持守正固，有所行动则有利。

【按语】恒卦为外震内巽，巽为风、为观察，震为雷、为行动，先风后雷，喻指先观察后行动；符合自然规律，故能常新而恒久。从社会关系看，震为阳，巽为阴，阳上阴下，符合君贵民贱、男尊女卑的人伦纲常，故能恒久。从家庭关系看，震为男、主动、在上、在外，巽为女、主顺、在下、在内，夫唱妇随共同创造和睦的气氛，故能恒久。

《彖》曰：**恒，久也。刚上而柔下，雷风相与，巽而动，刚柔皆应，恒。恒，亨，无咎，利贞，久于其道也。天地之道恒久而不已也。利有攸往，终则有始也。日月得天而能久照，四时变化而能久成，圣人久于其道而天下化成。观其所恒，而天地万物之情可见矣。**

【译文】《彖传》说：恒，即恒久。上卦为震、为雷、为刚，下卦为巽、为风、为柔，上刚下柔，雷风相助，先谦逊后行动，六爻皆刚柔相应，就是恒卦。卦辞说："亨，无咎，利贞"，说明亨通是因为坚守恒久之道。天地运行符合恒久之道才永不停息。"利有攸往"，说明恒久之道在终结后又会有新的开始。日月遵循着天道运行，所以光辉不息；四时随着规律变化，所以季节更替永不停歇；圣人遵循恒久之道，

就可以成功地教化天下。观察事物的恒久规律，就可以了解天地万物发展变化的情况。

《象》曰：**雷风，恒。君子以立不易方**[1]。

【译文】《象传》说：上震下巽，外雷内风，雷动风随，内外行动皆符合阴阳大道，所以恒久。君子因此遵循阴阳的法则而立身。

【注释】①易：日月，阴阳。方：法则。

初六：浚恒[1]**，贞凶，无攸利**。

《象》曰：**浚恒之凶，始求深也**。

【译文】初六：经常疏通水渠，急功近利，过于执着自己的目标，会有凶险，没有什么好处。

《象传》说："浚恒之凶"，因为初六想一蹴而就，在开始时挖掘过深，欲速则不达。

【注释】①恒：经常。浚（jùn）：疏通，挖深。

【按语】初六为巽卦主爻，巽为鱼，巽处互兑之下，兑为泽，故初六有深水中鱼之象。鱼赖水养，如果开渠放水，鱼就没处藏身，自然凶险。恒卦上接咸卦，咸卦上六过于高兴而综覆成恒卦初六，由兑卦主爻变成巽卦主爻，由山上泽水变成了路下之鱼，说明初六为了求鱼而开渠放水，因开渠过深致使山上之泽涸竭，竭泽而渔必然乐极生悲。

九二：悔亡。

《象》曰：**九二悔亡，能久中也**。

【译文】九二：悔恨消失。

《象传》说：九二爻辞说悔亡，因为能坚守中正恒久之道。

【按语】因为九二处天风姤之中，被初六渗透而有悔。

乾为刚健、进取，巽为谦逊、利益；九二同时居乾和巽体，并上应六五、代表巽卦承载上震；说明九二能够忠于大局而不应初六，坚定维护六五；终因得利而悔亡。

九三：不恒其德，或承之羞，贞吝。

《象》曰：**不恒其德，无所容也。**

【译文】九三：不能保持其德行，就可能会因此蒙羞，长此以往会带来灾难。

《象传》说："不恒其德"，指九三不能被大家接受。

【按语】九三为巽卦外爻，属犹豫不决之特性的表象；处互兑之始，过于率真，不懂害羞；处乾体又在大过卦之中，做事容易过头，忘记乾健的内涵，不遵守恒卦的谦逊之道，还没开始就叽叽喳喳喜形于色；终因上下不当位阳爻的欺凌而蒙羞。

九四：田无禽[1]。

《象》曰：**久非其位，安得禽也？**

【译文】九四：畋猎无所获。

《象传》说：长久守着不合适的位置，怎会获到禽兽？

【注释】①田：通"畋"（tián），狩猎。禽：指巽卦。

【按语】九四阳居阴位，同时处震和乾之体，好似喜欢展示的壮马拉着大车直往前冲，不会下行与初六呼应；初六为巽卦主爻，巽为禽，故言不得禽。因为九四过于刚强，不符刚柔相应的恒久之道，为劳而无获之爻。

六五：恒其德，贞，妇人吉，夫子凶。

《象》曰：**妇人贞吉，从一终也。夫子制义，从妇凶也。**

【译文】六五：操行不变，保持柔顺坚贞的品德，妇人可获吉祥，男子会有凶险。

《象传》说："妇人贞吉"，指妇人操守贞洁是符合从夫以终其身的伦理的。男子应该因事制义，懂得变通，如果只是顺从妻子就会遭凶险。

【按语】六五应该像妇人一样，柔顺仁慈、体恤民情、屈尊下应九二；如果像夫子一样，只是顺着九四和上六互成震卦向上冲，那样脱离民众，就有悖自己尊位的职责。

上六：振恒，凶。

《象》曰：振恒在上，大无功也。

【译文】上六：恒久之道被动摇，就有凶险。

《象传》说：上六居震卦最上，只知攘外，忘却安内，必然徒劳无功。

【按语】上六凭着位高而振动，指手画脚，不下行与九三相应，并且与六五君主相敌，得不到六五的支持，难以有功；并且，上六下乘互兑，兑为兵器，有与内部人针锋相对之象；因为脱离群众、违背恒道，所以身陷险境。

卦三十三　天山遯

遯，亨，小利贞。

【译文】遯卦：退隐、躲避，做好自己的小事，举动不失正道则亨通。

《彖》曰：**遯亨[1]，遯而亨也。刚当位而应，与时行也。小利贞，浸而长也[2]。遯之时义大矣哉。**

【译文】《彖传》说：遯亨，是指退避之后才能亨通。阳刚者居于正位又与阴柔者相应和，就是顺应时势而行动。“小利贞”，是因为阴柔之气正在逐渐增长，此时君子应该把握时机及时退隐。适时退隐的意义是非常大的。

【注释】①遯：家族带着牲口一起逃。②浸（jìn）：逐渐。

《象》曰：**天下有山，遯。君子以远小人，不恶而严。**

【译文】《象传》说：上乾天、下艮山，为才德两全的贤人在山野之象，即隐遁之义。此时君子应该远离小人，并且不要让小人知道自己憎恶他，小心退隐，做到步步为营、严密防守。

初六：遯尾，厉。勿用有攸往。

《象》曰：**遯尾之厉，不往何灾也？**

【译文】初六：在隐遁的队伍中落于末尾，处境很艰难，不宜继续跟随。

《象传》说：“遯尾之厉”，此时若不盲目跟从怎会有

什么灾难呢？

【按语】初六为艮山之基，为蓄止之象，宜静不宜动；阴居阳位，又在最下，如同柔弱的百姓，在家自养都是问题，不具备野外生存的本能，盲目遁隐难免遇险。

六二：执之用黄牛之革，莫之胜说[1]。

《象》曰：**执用黄牛，固志也**。

【译文】六二：用黄牛皮拧成的绳子把自己跟九五捆在一起，没有人能解脱。

《象传》说：用黄牛革绳捆绑，表示不遯之志非常坚定。

【注释】①胜：能，可能。说：通“脱”，解开。

【按语】六二为艮卦中爻，艮为山，有身居山中之象；可以安心蓄养，不必另遯。艮又为宫阙，六二阴柔中正处宫中，身居要职，理应恪尽职守、为国效力，不能隐遯。

九三：系遯，有疾，厉。畜臣妾，吉。

《象》曰：**系遯之厉，有疾惫也。畜臣妾吉，不可大事也**。

【译文】九三：心系权位，被牵制而不能决然隐退，犹如身染重病的危险情形。在这种情形下，蓄养奴婢、姬妾，可获吉祥。

《象传》说：被拖累以致不能决然隐退所造成的危险，有如被疾病折腾得疲惫不堪。“畜臣妾吉”，说明只能居家颐养，不能过问国家大事。

【按语】九三为三公之爻，阳刚当位，心怀国家；然而上承乾卦，乾为君、为寒、为冰，有被能人压制、不能施展之象。九三处艮卦上爻、巽卦中爻，艮为门庭、为奴仆、为蓄养，巽为姬妾、为利益，故言蓄养臣妾可得吉。

九四：好遯，君子吉，小人否。

《象》曰：君子好遯，小人否也。

【译文】九四：喜欢遯隐，对君子来说是吉利的，百姓却会因君子遯隐而受难。

《象传》说：君子不以利禄为荣，遯隐可以明哲保身；百姓却会因小人当权而蒙受灾难。

【按语】九四已出艮山之体而进入上乾之中，留恋山中之幽闲而好遯。九四阳居阴位，处乾卦君子之体，隐退可得美名。因为四爻是近君之位，居其位者的人品关系到百姓的安危，若君子隐退、小人得位，百姓就会陷于无处可逃的苦难之中。此时的九四，应该心怀天下、不念名利、不系女色，才能得吉。

九五：嘉遯，贞吉。

《象》曰：嘉遯贞吉，以正志也。

【译文】九五：培养好接班人再遯，为最完美的隐遯，贞正而吉祥。

《象传》说："嘉遯贞吉"，因为九五不为情扰，有正确的信念和志向。

【按语】九五处两乾之体，乾为天、为美满、为良马、为车轮、为君子，下乘艮山，为君子行于山中，功成之后隐遯之象。上台靠机会，下台靠智慧，九五已有阳刚当位的继承人九三，顺势而退，故言嘉遯。

上九：肥遯，无不利①。

《象》曰：肥遯无不利，无所疑也。

【译文】上九：急流勇退、远走高飞，没有什么不利的。

《象传》说："肥遯无不利"，指上九善观形势、急流勇退，做事没有任何疑虑，别人对自己也没有什么可怀疑的。

【注释】①肥：富有，指提前隐遯可以携带财物；肥，又与“飞”谐音；肥遯又指飞遯，即远走高飞、退隐山林。

【按语】上九阳居阴位，能力胜过职位，又是外乾上爻，为才德双全的君子之仪表，只是没有应爻，得不到别人认同。上九下乘乾卦车轮，又被巽风吹着往前走，有无牵无挂而远走高飞之象。上九处乾、巽、艮三卦之上，乾为良马、巽为禽、艮为狗，有携带牲口一起远走之象，故言肥遯。

卦三十四　雷天大壮

大壮[1]，利贞。

【译文】大壮卦：利于坚守正道。

【注释】①大：赞美，称扬。壮：以……为壮美，推崇，赞许，加强。

【按语】大壮卦为上震下乾，震为雷，乾为天，为天上打雷之象。天以雷显威，雷行天上，只为宣扬天威之神圣，雷自身是没主观意愿的，打雷只是执行上天的旨意，雷的行动必须忠贞于天威，故言利贞。

《彖》曰：**大壮，大者壮也。刚以动，故壮。大壮，利贞，大者正也。正大，而天地之情可见矣。**

【译文】《彖传》说：大壮，大和壮都有称扬、赞美、增强之意。内乾为刚，外震为动，以行动彰显刚健，故称为壮。大壮卦辞说："利贞"，因为被称赞为大的都是正直的。君子认识"正大"之理，就能明白天地万物之性情。

《象》曰：**雷在天上，大壮。君子以非礼弗履[1]。**

【译文】《象传》说：雷行天上，大壮天威之神圣，君子观此卦象，知天雷可畏，从而畏威知惧，礼拜天雷，唯礼是尊。

【注释】①履：行，实行。

初九：壮于趾[1]，征凶，有孚。

《象》曰：**壮于趾，其孚穷也**②。

【译文】初九：过于彰显脚趾的作用，急于前进，非常凶险，尽管他们心中充满信心和诚实。

《象传》说："壮于趾"，说明不懂策略只凭诚信是不够的。

【注释】①趾：为人的足端，在人的走路等行动中不会起太大作用。②穷：穷尽。

【按语】初九因不懂天威而壮于趾。初九虽然刚居阳位，但地位卑微，上面又无爻相应，并且上承不得位的阳爻九二，加之被互卦泽天夬覆压，犹如四肢发达、头脑简单的人，因受官府压迫就趾高气扬地要替天行道、扭转乾坤，其征伐当然非常凶险，尽管他们心中充满信心和诚实；所以说"征凶有孚"，虽然有孚也征凶。

九二：贞吉。

《象》曰：**九二贞吉，以中也**。

【译文】九二：持守正道、坚定信仰可获吉祥。

《象传》说：九二贞吉，因为九二居下卦中位。

【按语】九二敬畏天威而贞吉。九二阳居阴位，能力胜过职位，如同才华横溢、恪尽职守、效忠朝廷的地方官，若获得君主六五的信任和恩宠，自然吉利。然而，九二属阳爻，阳爻多刚健好动，若不加以约束，就会与初九、九三同性阳爻共同发挥乾卦的特性。乾属金，震属木，属性相克；乾又为马、为车轮，只要下卦三爻合力，就会冲出去发动征讨上卦六五的战争。九二与六五虽相应，却都不当位，做事很容易违背常理、逾越礼节，所以，只有九二以礼克己，不被环境左右，时刻敬畏天威，方能得吉。

九三：小人用壮[1]，君子用罔[2]。贞厉。羝羊触藩[3]，羸其角[4]。

《象》曰：小人用壮，君子罔也[5]。

【译文】九三：小人捕兽凭气力，君子捕兽用网围。九三虽然忠贞，但被下面两阳逼推，处境非常艰难。如果不会使用策略，就会像公羊以角撞藩一样，仅出其角，身卡藩中。

《象传》说："小人用壮"，说明君子不那样做。

【注释】①用壮：借助上天的雷霆之威，做形式上的祈祷；又指凭借强壮的体力。②罔：无，不可见之象，灵性上的修炼，也指策略；罔又同"网"，指围捕禽兽之网。③羝（dī）：羊，公羊。触：冲撞。藩：藩篱。④羸（léi）：通"累"，拘系。⑤罔：不。

【按语】九三冒犯天威而贞厉。九三为三公之爻，处下乾之外表，被下面两阳爻逼推，处境非常艰难，必终日乾乾，努力进取。大壮卦的爻象为大兑卦，如果九三能像君子一样着眼于全局，将自身融于大兑的恩泽之中，称扬天威的神圣，当属最上乘的灵性修炼，即为"用罔"。可是，九三会只站在小人的立场取兑的毁折之性去征讨六五；六五处震体，震为根深柢固的大林木，兑属小金器，小金器落于大林中，只会使锐气受锉，犹如不会使用策略的公羊以角撞藩而被卡在藩中。

九四：贞吉，悔亡。藩决不羸[1]，壮于大舆之輹[2]。

《象》曰：藩决不羸，尚往也。

【译文】九四：没有帮助初九征讨六五而后悔，忠贞于国家和天威而悔亡得吉。犹如公羊冲出篱笆，摆脱拘系，来到广阔的原野上宣扬天威（又指乘着大车到处宣扬天威）。

《象传》说："藩决不羸"，说明喜欢行动，崇尚进取。

【注释】①决：决裂。羸：拘系。不羸：即摆脱拘系。②舆：大车。輹：一、车轴下面束缚车轴的东西，用作钩连车厢底板和车轴，因其形如蹲伏之兔，又名伏兔。二、通“腹”，这里指车厢里面。

【按语】九四捍卫天威而悔亡贞吉。九四为震卦主爻，下乘乾卦，本性向上；然九四为近君之臣，犹如联系车轮（百姓）与车厢（君主）中间的伏兔，是缓解君主与百姓间矛盾的重要纽带；九四又是震卦唯一阳爻、天雷的原动力，为了维护天威的神圣，九四就大力宣扬天威以震慑民心。

六五：丧羊于易[①]。无悔。

《象》曰：丧羊于易，位不当也。

【译文】六五：在祭祀场上丢失了饩羊，知道是天神的惩罚，没有悔恨。

《象传》说：“丧羊于易”，因为六五阴爻居尊位，不能胜任治国之职。

【注释】①丧羊：即失去帝位。羊：作祭品时称饩（xì）羊，因为羊与祥谐音，所以被当作祭祀牺牲的代表；羊又喻民，统治者往往被称作牧羊者。易：日月为易，即一阴一阳，喻指明里一套暗里一套；易又通“场”，指祭祀的场地。

【按语】六五亵渎天威而丧羊失位。六五联系九三、九四互成兑卦，处锋利兵器尖上，表面和善仁慈（顺雷上行），内心暗藏利剑，阳奉阴违；因为心里明白自己的行为不符天道，阴爻必定会被阳爻取代，所以失去帝位也不后悔。

上六：羝羊触藩，不能退，不能遂，无攸利。艰则吉。

《象》曰：不能退，不能遂，不详也。艰则吉，咎不长也。

【译文】上六：公羊撞篱笆被卡住了角，不能退，又不能进，处境很不利，但在艰难环境下顾全大局可获吉祥。

《象传》说：不能退，不能进，陷入进退维谷之中，是因为考虑得不周详。虽陷入艰难之中，最终可以化解得吉，是说灾难不会长久。

【按语】上六因困后洞见天威而得吉。大壮爻象为一大兑形，上六处大兑最上，有羊角之象；又为震卦上爻，有好动之性；可是位高穷极已无法上升，下面又被兑刀砍去后路，故进退维谷。好在上六阴柔得位，能着眼大局；大局为一大兑卦，兑为羊，为祭品，为吉祥之物；喻示融入大局可获吉祥。

卦三十五　火地晋

晋[1]，康侯用锡马蕃庶[2]，昼日三接。

【译文】晋卦：安国之侯因有功获得晋升，被（周王）赏赐了很多马匹，并且一日之内受到多次接见。

【注释】①晋：上升，地位提高；这里为卦名。②用：同“以”，因为。“用”之后本应有“晋”字，承前而省。蕃：通“繁”，多。庶：众。康侯：名封，为周武王弟；初封于康，故称康侯或康叔。锡：通“赐”，赐予。

《彖》曰：**晋，进也。明出地上，顺而丽乎大明，柔进而上行。是以康侯用锡马蕃庶，昼日三接也。**

【译文】《彖传》说：晋，就是晋升，越走越好。如同太阳冉冉升起，光明出现在地面，因顺而达于光明、大亮；这是一个学习、探索的过程，应该遵循柔顺之道前进。如此才能获得“康侯用锡马蕃庶，昼日三接”光明、美好的结局。

《象》曰：**“明出地上”，晋。君子以自昭明德。**

【译文】《象传》说：光明出现在地面，象征晋升，君子因此将自己美好的德行展现出来。

初六：晋如，摧如[1]，贞吉。罔孚，裕[2]，无咎。

《象》曰：**晋如，摧如，独行正也。裕无咎，未受命也。**

【译文】初六：在走向成功的过程中，难免遭遇挫折，不懈追求真理，终会得吉。虽然无人信任，未被委以重任，但能淡然处之，不会有咎害。

《象传》说：“晋如，摧如”，说明独自坚持行走正道。“裕无咎”，说明目前尚未受到任命。

【注释】①摧：挫折。②罔孚：不受信任。裕：宽裕、宽缓。引申为从容淡定。

【按语】初六犹如刚毕业的学生，与九四阴阳正应，为被晋；但两爻都不当位，中间被六二、六三所隔，又有艮山阻挡，为被摧；只有安分守己，不强求呼应，方能得吉；坚守坤卦的顺承之德，对“未受命”之事淡然处之，才能无咎。

六二：晋如愁如，贞吉。受兹介福，于其王母[1]。

《象》曰：受兹介福，以中正也。

【译文】六二：在走向成功的过程中，也有一筹莫展的时候，此时持行正道会得吉。因为此时无人给予帮助，只能从最亲近的祖母那里得到一丝慰藉。

《象传》说：“受兹介福”，因为六二得位居中，已有独当一面的职务。

【注释】①介：细微。王母：祖母。

【按语】六二虽已被授职，但处在互蹇最下，面临山高水险的处境，上下皆阴又无应，未获众人信服，难以彰显自己的能力，众人皆疑而远之，只能从亲人那里得到一丝慰藉。

六三：众允，悔亡。

《象》曰：众允之，志上行也。

【译文】六三：获得众人的信任，悔事渐渐消亡。

《象传》说：六三之所以能得到众人的信任与拥护，是因为众人都有积极进取之心。

【按语】六三处互比卦之中，水和地亲比无间，初六和六二会跟随六三一起体现坤卦之柔性，拥护六三的工作，故言众允。六三又处艮体，为受阻，难以与上九呼应，故有悔。因六三处坤卦最上，为随顺的外表，会顺随上卦大明之离，如同万物跟随着太阳一起生长、高升，有被上司提拔之象，故说悔亡。

九四：晋如鼫鼠[1]，贞厉。

《象》曰：**鼫鼠贞厉，位不当也。**

【译文】九四：前进如鼫鼠，畏首畏尾，很难在职位上做出新的成绩，尽管所行属正道，还是会有危厉。

《象传》说："鼫鼠贞厉"，因为九四不中不正，处坎险之中。

【注释】①鼫（shí）：性贪而畏人之鼠。鼫鼠有五技：一、能飞不能过屋；二、能游不能渡谷；三、能穴不能掩身；四、能攀援不能穷木；五、能走不能先人。

【按语】九四虽老练却技不精，为互艮主爻，艮为鼠、为少男、为无德，被众阴包围而畏首畏尾；虽已获晋，难以突破；虽有诚意，也难有结果。九四又为坎水主爻，下乘坤地，水在地上，喻示覆水难收，故言贞厉。

六五：悔亡，失得勿恤[1]，往吉，无不利。

《象》曰：**失得勿恤，往有庆也。**

【译文】六五：悔事消亡，不患得患失，勇于去开拓，就会取得新的成绩，结果吉祥，无有不利。

《象传》说：不患得患失，只要勇往直前，自然终会获得值得庆贺的成绩。

【注释】①恤：顾虑。

【按语】六五阴柔处尊位，因畏怕九四不安分而有悔；因权力下放，六五向下与九四、六三互成坎水，水性下流，九四顺着水势下应初六、不再威胁自己而悔亡。天下柔弱莫过水，而坚强者莫之能胜，六五处坎水最上，居尊位，行水德，故无往不利，无往不吉。

上九：晋其角，维用伐邑，厉吉无咎，贞吝。

《**象**》**曰：维用伐邑**[1]**，道未光也**。

【译文】上九：晋升到顶点，宛如高居兽角尖端，宜向外征伐诸侯以建功。虽然艰难，但可获吉祥，不会有咎害。如果固守贞正、抱残守缺，就会有憾惜。

《象传》说："维用伐邑"，说明上九还有难关需要克服，晋升的道路还未完全光大。

【注释】①维：语气词，无义。

【按语】上九处离火上爻，为火的最外层，形似兽角。离卦又为戈兵、为甲胄，戈兵甲胄代表的是征伐，晋卦的宗旨就是要进取，展示才华，此时上九居全卦顶端，已经成为地位最高的人，再在内部展示已经没有意义，所以他需要团结力量、壮大团队向外发展，讨伐诸侯以展示国家的强大，故说用伐邑。用兵打仗是一件凶险的事，但是能彰显光明之德，虽凶险还是能获吉祥，不会有罪咎，故说厉吉无咎。如果固守贞正，不去冒险作为，也会遇到困难，因为不向外发展就有可能用极端的方式向内部展示自己，故说贞吝。

卦三十六　地火明夷

明夷[1]，利艰贞。

【译文】明夷卦：利于在艰难中持守忠贞。

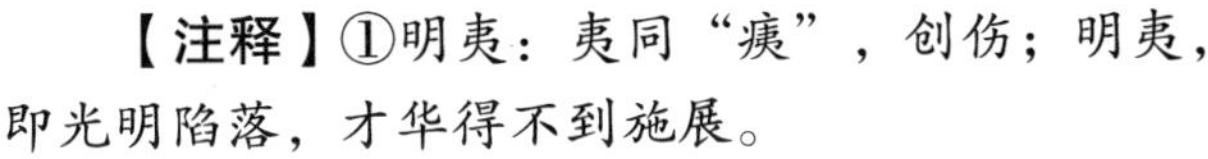

【注释】①明夷：夷同“痍”，创伤；明夷，即光明陷落，才华得不到施展。

《彖》曰：**明入地中，明夷。内文明而外柔顺，以蒙大难，文王以之。利艰贞，晦其明也。内难而能正其志，箕子以之[1]**。

【译文】《彖传》说：光明隐没于地中，为明夷的卦象。内怀文明之德而外行柔顺之道，因此在昏暗中度过大难，周文王就是用这种方法。“利艰贞”，是说在困难时要把自己光明之德隐藏起来。尽管身陷朝廷内难，还能坚持自己精诚的志向，箕子就是这样做的。

【注释】①箕（jī）子：商纣王的伯父，殷末三仁之一。纣王无道，箕子谏未得纳，为免灾而佯狂。

《象》曰：**明入地中，明夷。君子以莅众用晦而明[1]**。

【译文】《象传》说：光明没入地中，是暗主在上、明臣在下、不敢显其光辉的卦象。君子以此处理与民众的关系，尽量做到表面隐晦而内心明察。

【注释】①莅（lì）：莅临，处理。

初九：明夷于飞，垂其翼，君子于行，三日不食，有攸往，主人有言。

《象》曰：君子于行，义不食也。

【译文】初九：在君子的光明被遮掩时往外逃难，如同小鸟在阴雨天向外飞行，低垂着翅膀，三天没有机会吃饭，接纳他的主人为之感叹不已。

《象传》说：“君子于行”，说明君子仓皇远逃为的不是寻求食禄。

【按语】离卦为鸟、为火，初九阳刚得位，自然会往上行，无奈大势被坤地压住，难见天日，又上承坎雨，只得垂翼而飞。六四接纳初九而变成九四，使互震成为互兑而言说。（与此爻对应的史事：太师疵和少师彊，一起抱祭器投奔武王，路上三天吃不上饭，与武王说明情况后，武王感叹道：“殷有重罪，不可以不毕伐！”）

六二：明夷，夷于左股，用拯马壮，吉。

《象》曰：六二之吉，顺以则也。

【译文】六二：光明被遮掩时，左大腿受了伤，幸亏用来拯救他的马很壮健，所以吉祥。

《象传》说：六二之吉，是因为柔顺而又坚守原则。

【按语】六二坚守原则，忠贞于六五天子，而天子昏庸，不与之相应，使六二被困于两阳爻当中。明夷从小过卦变来（文王因小过被囚），小过九四下行变初九，使互巽变互坎，有左股受痍之象。六二上顺天意，跟随九三、六四、六五互成的震马外跑而出狱。（与此爻对应的史事：周文王是三公之首，为天子的左股，被囚于羑里，后因周臣献马使文王获救而得吉。）

九三：明夷于南狩，得其大首；不可疾，贞。

《象》曰：南狩之志，乃大得也。

【译文】九三：光明被遮掩时，在南方巡狩，举行征伐，抓获敌方魁首，此时不可操之过急，应韬光养晦、不失忠贞。

《象传》说："南狩之志"，指南征的志向是为了更大的收获。

【按语】九三阳刚得位，处离火外层，被坤地压住不能上冲，于是回头反烧而南征，迫使初九变成初六以成地山谦，谦卦卦辞为"君子有终"。（与此爻对应的史事：武王伐纣之前先南征，以试探商纣是否警觉，不敢显其目的，属韬光养晦。）

六四：入于左腹，获明夷之心，于出门庭。

《象》曰：入于左腹，获心意也。

【译文】六四：进入朝廷的心腹之地，获悉贤明者受害的内情，于是毅然跨出门庭远去。

《象传》说："入于左腹"，是为了得到内情。

【按语】六四为柔顺的近君之臣，对应人体的心部，同时处震和坎之体，震为躁动、坎为心病，喻示入内则见残暴的内幕。六四又处坤卦最下，不能往上行，只能下应初九，故说出门庭。（与此爻对应的史事：纣王的兄长微子在宫廷目睹其叔叔比干被剖心之惨状，于是离开朝廷逃往周朝避难。）

六五：箕子之明夷，利贞。

《象》曰：箕子之贞，明不可息也。

【译文】六五：箕子在光明被遮掩时，不逃、不谏，以装疯坚守正道，终被周武王崇敬。

《象传》说：箕子隐晦守正，他的光辉形象千古不灭。

【按语】六五相邻的上下两爻皆阴，下面又无应爻，身处一片黑暗之中；好在六五处尊位，又是坤卦的中心爻，具有柔顺仁慈、能屈能伸、生养万物、顺承天道的德性，故持守忠贞可得平安。

上六：不明，晦，初登于天，后入于地。

《象》曰：**初登于天，照四国也。后入于地，失则也。**

【译文】上六：没有光明，一片昏暗，起初登上了天堂，后来又堕入地穴。

《象传》说："初登于天"，指曾以明德照耀四方诸国。"后入于地"，是因为失去了正义的原则。

【按语】明夷卦是从小过卦变来的，在卦变过程中上六一直当位，地位最高，如同最高君主。但是，卦变前上六处震体，卦变后处坤体，震为天上之雷，坤为静止大地，卦变的过程含有先登于天后坠于地的喻义。上六的敌人为九三，九三表面上呼应上六，暗地里与六四、六五互成震卦，以迅雷之势把上六击毙。（与此爻对应的史事：威风凛凛的商纣王，最终威望一落千丈、自焚而亡。）

卦三十七　风火家人

家人[1]**，利女贞**。

【译文】家人卦：利于女人持守忠贞。

【注释】①家人卦为外巽内离，巽为风，离为火，外卦巽风生寒，内卦离火生暖，意味着回家能感受到家人的温暖。

《象》曰：**家人，女正位乎内，男正位乎外。男女正，天地之大义也。家人有严君焉，父母之谓也。父父，子子，兄兄，弟弟，夫夫，妇妇，而家道正。正家，而天下定矣**。

【译文】《象传》说：家人卦的爻象显示，六二阴爻居内卦的中位，像妇女在内，以正道守其位；九五阳爻居外卦的中位，像男人在外，以正道守其位。男外女内，皆能以正道守其位，就符合天地间的大义。家庭有尊严的长辈，那就是父亲、母亲。做父亲要尽父亲的责任，做儿子要尽儿子的责任，做兄长要尽兄长的责任，做弟弟要尽弟弟的责任，做丈夫要尽丈夫的责任，做妻子要尽妻子的责任，各人安守本分，家道就正了。都能正其家，天下也就安定了。

《象》曰：**风自火出，家人。君子以言有物而行有恒**。

【译文】《象传》说：外巽为风，内离为火；火能显风，风能生火；火人生风，风大助火；相辅相成，是家人的卦象。君子观此卦象，从而领悟到治家之言要落到实处，持正治家要持之以恒。

初九：闲有家[1]，悔亡。

《象》曰：闲有家，志未变也。

【译文】初九：严格管教能使家庭兴旺，看到孩子被罚后委屈的样子而后悔，孩子懂事后就悔亡。

《象传》说：“闲有家”，说明治家的原则没有变。

【注释】①闲：同“闩”，限制，防闲，关门后再在门框上插上一根横木。有家：持家，使家庭兴旺。

【按语】初九居离卦下爻，爻象为艮卦下加上一根横木，艮为门庭，故有“闩”象。初九阳刚当位而好动，然而上承互坎为险，若动就会遇险，故宜静不宜动。

六二：无攸遂[1]，在中馈[2]，贞吉。

《象》曰：六二之吉，顺以巽也。

【译文】六二：妇女不追求在外有所成就，尽力操办好家中饮食等家务，持守忠贞可得吉祥。

《象传》说：六二之吉，因为阴柔中正，符合家庭主妇温顺谦逊的品德。

【注释】①遂：遂意，成就。②馈：准备饮食以招待人。中馈：即内馈、家庭膳食。

【按语】六二处互卦未济最下，主动上应九五很难遂意，只宜忠贞静守。六二近有初、三相护，远有九五相应，自然吉祥。

九三：家人嗃嗃[1]，悔厉吉。妇子嘻嘻，终吝。

《象》曰：家人嗃嗃，未失也。妇子嘻嘻，失家节也。

【译文】九三：众人对自己（接班人）管教过严，常在艰难中抱怨，但结果是吉祥的。如果自己成天与妇女、孩子们在一起嬉笑打闹，终究会有麻烦。

《象传》说："家人嗃嗃"，说明未失治家原则。"妇子嘻嘻"，指家里没有节制和规矩。

【注释】①嗃嗃（hè）：严肃的样子，指被众人关爱与监督。

【按语】九三同时处两离一坎之体，离卦为脾气，坎卦为冷静，冷静后就会有悔。九三如果沉溺于上下阴爻的嬉戏，终究出不了坎险；如果志存高远，跨过上下两阴爻往外扩成两离卦，火旺自然生出大风，会促使整个家族变得繁荣昌盛，虽厉终吉。

六四：富家，大吉。

《象》曰：富家大吉，顺在位也。

【译文】六四：使家庭富裕，大为吉祥。

《象传》说："富家大吉"，因为六四为阴爻，居于九五阳爻之下，像管家一样将家务处理得井井有条，使家人各守其职。

【按语】六四不但阴柔得位，并且向下互成坎水，向上互成巽木，为树木提供水源以使之茂盛常绿。六四还为巽（利市）主爻，说明六四具有左右逢源的老练管家之才能。

九五：王假有家，勿恤，吉。

《象》曰：王假有家，交相爱也。

【译文】九五：因为有得力的管家和优秀的继承人，即使像王侯一样有几个家，也不用担心家里人闹矛盾，是吉祥的。

《象传》说："王假有家"，说明家人相互关心、和睦相爱。

【按语】九五阳刚中正，处全卦的尊位，又同时处巽、离两卦之体，能将上面四个爻互成风火家人卦，下乘两个离火，有多房妻妾之象，喻指王侯或大户主人。

上九：有孚威如，终吉。

《象》曰：威如之吉，反身之谓也。

【译文】上九：大家所信服的有威望的长辈，总喜欢教导晚辈，并越权管事，终归吉祥。

《象传》说："威如之吉"，因为老前辈是在传授自己的经验，言之有物。

【按语】上九处家人卦最顶端，被下面两个离卦（多双眼睛）仰望，喻指威望高。上九是巽卦外爻，巽为木，外爻只属木之枝末；下乘两离，离为火，两火相叠而生大风；风火互助，火势旺盛而猛烈，上九会很容易被烧尽而亡；好在优秀得位的九三可以联系上下互成坎水，控制火势，维持家庭的兴旺，故终吉。

卦三十八　火泽睽

睽[1]，小事吉。

【译文】睽卦：筮遇此卦，小事吉利，不利做国家大事。

【注释】①睽：二目不能同视、反目为睽。

《彖》曰：**睽，火动而上，泽动而下；二女同居[1]，其志不同行。说而丽乎明，柔进而上行，得中而应乎刚，是以小事吉。天地睽而其事同也，男女睽而其志通也，万物睽而其事类也，睽之时用大矣哉。**

【译文】《彖传》说：睽卦是上面火焰往上冲，下面泽水往下流，火水分离之象。离卦为中女，兑卦为少女，二女同居共事一夫，她们所思所想不会相同。下兑为悦，上离为明，犹如晚辈和悦地依附于开明的长辈。六五虽柔，但有积极上进的离火之性，居上卦中位，又下应九二，犹如长辈得到优秀晚辈的积极配合，所以做小事会得吉利。天地是相互睽乖对立的，但他们生育万物的事理却相同。男女也是阴阳对立的，但他们的志向却有相通之处。万物形体都不相合，但是秉受阴阳之气而生的原理是类似的。在生活中把握时机、运用睽的智慧真是太重要了！

【注释】①二女同居：既指离泽共卦，又指六三、六五同应上九，其势必相嫉妒。

《象》曰：**上火下泽，睽。君子以同而异。**

【译文】《象传》说：上卦为离火，下卦为兑泽，两相乖离，是睽卦的卦象。君子观此卦象，从而综合万物之所同，分析万物之所异，求同存异。

初九：悔亡，丧马勿逐，自复；见恶人，无咎。

《象》曰：**见恶人，以辟咎也。**

【译文】初九：悔恨消除了。丢失了马匹不必去追寻，它自己会回来。与恶人在一起也没咎害。

《象传》说："见恶人"，是可以避免咎害的。

【按语】初九是唯一当位爻，喻指众人皆醉己独醒。因为位置太低又无应，必须学会自保，就算看到别人越轨也不能说，和光同尘方能无咎。睽卦变自大畜卦，卦变前初九处乾卦（良马象），卦变后处兑卦（毁折象）；卦变前初九与六四正应，而四爻处震卦（善鸣奔跑之马象），卦变后初九失去了正应，四爻处坎卦（盗贼恶人象）；故说"丧马""见恶人"。初九虽然与九四敌应，但是九四处坎水之体，居上位；初九处兑泽之体，居下位；坎又为美脊马，会顺水势流入湖泽，故说"自复""无咎"。

九二：遇主于巷，无咎。

《象》曰：**遇主于巷，未失道也。**

【译文】九二：在小巷中遇见了主人，没有咎害。

《象传》说："遇主于巷"，说明九二没有迷失方向。

【按语】九二去应六五，被坎水阻挡，好在坎水两边被阳爻夹挡不会泛滥，只能缘渠流行，如同主人行走于小巷，能力胜过职位的九二（仆人）自然不会错过拜见的机会。仆人遇到主人，本须退避，但在窄巷中遇到了主人，避无所避，退无所退，不属自身之过错，故无咎。此爻又指乱世中主仆

偷偷会面。

六三：见舆曳[1]，其牛掣[2]，其人天且劓[3]。无初有终。

《象》曰：**见舆曳，位不当也。无初有终，遇刚也。**

【**译文**】六三：看见一辆拉货的牛车，拉车的牛一俯一仰拉得很费劲，赶车的人是一个烙了额、割了鼻的犯人。起初车子陷着不动，后来终于拉动了。

《象传》说："见舆曳"，说明六三处位不当，像人落入了困苦的境地。"无初有终"，说明六三可以得到阳刚上九的呼应。

【**注释**】①舆：大车。曳：拖。②掣（chè）：牛角一俯一仰，拉得很吃力的样子。③天：通"颠"，额，头顶。这里指烙额。劓（yì）：割鼻。

【**按语**】六三为互离主爻，离为牝牛。牝牛无力又遇坎险，下处兑刀锋口之上，进退维艰，好在上九顺水而下，予以帮助，终能前行。六三来自大畜卦的六四，自己的到来致使之前的乾卦变成兑卦，乾为首，兑为毁，并且六三又处离火之中、兑金之上，故有烙额之象。兑又为口鼻，被火烫而缺口，有被劓之象。

九四：睽孤，遇元夫，交孚，厉无咎。

《象》曰：**交孚无咎，志行也。**

【**译文**】九四：在孤立无助时，遇到阳刚的男子，与之真诚相交，即使有危厉，也会无咎。

《象传》说："交孚无咎"，说明他们消除了隔阂达成共识。

【**按语**】九四身陷两阴、坎险，失位无应而孤，但与上下相连互成坎水，水性下流，故屈尊下应初九，虽厉而无咎。

九四与初九相应，有溪水流入湖泊之象。

六五：悔亡，厥宗噬肤，往何咎？

《象》曰：**厥宗噬肤，往有庆也。**

【译文】六五：悔恨消失了，与同宗一起吃肉，前往又有什么咎害呢？

《象传》说："厥宗噬肤"，指前往必有吉庆之事。

【按语】六五不能与九二相应而悔恨，与上九相应而悔亡；与六三同应上九，犹如同宗一起吃肉。六五处离火之中，火性上炎；九二处泽水之中，水性下流，故两爻很难相应。只有六五借六三、九四互成坎水，往下流；九二借六三、九四互成离火，往上烧，才能相应。大畜卦变成睽卦后，管理层都不当位，个个贪图安逸，所以只吃肉不啃骨，避难就易，避大就小，但也不会犯上作乱，有利于六五的管理，故无咎。

上九：睽孤，见豕负涂①，载鬼一车，先张之弧，后说之弧②。匪寇婚媾。往遇雨则吉。

《象》曰：**遇雨之吉，群疑亡也。**

【译文】上九：孤单一人，隐隐约约看见一头猪在烂泥中，接着又看见一辆载满了鬼的车。他们一会儿张弓，一会儿收弓，原来不是盗寇，而是迎亲的人。往前走，碰到下雨就会吉利。

《象传》说："遇雨之吉"，说明上九的种种猜疑都消散了。

【注释】①豕：大猪。负：通"伏"，俯伏。负涂：置身泥途之中。②弧：弓。张：开弓。说：通"脱"，指放下弓箭。

【按语】上九处离目最上，上无物可视，转而视下，却

被坎云遮挡，因视不真而生疑，故百鬼作乱。只有雨后云消雾散，上九的疑虑消失后，才能与六三相应，才会展现出离日的光辉；用温暖的阳光蒸化泽中之水，使阴气上升阳气下降，才能婚媾得吉祥。

卦三十九　水山蹇

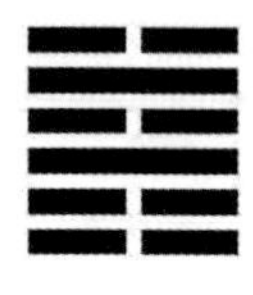

蹇[①]，利西南，不利东北。利见大人，贞吉。

【译文】蹇卦：象征行路艰难，利于远离危险向西南行，不利于以身犯险向东北行，利于跟随贤明领导，坚守正道可转危为安。

【注释】①蹇（jiǎn）：跛，行走困难。蹇者往往自感卑微也常遭冷遇，引申为步履艰难。此卦唯初六不当位，喻指足下无力，跛行之象，故名蹇。

《彖》曰：**蹇，难也，险在前也。见险而能止，知矣哉。蹇利西南，往得中也。不利东北，其道穷也。利见大人，往有功也。当位贞吉，以正邦也。蹇之时用大矣哉。**

【译文】《彖传》说：蹇，为艰难之义。蹇的上卦为坎，坎为险；下卦为艮，艮为阻；险阻挡于前即蹇卦的卦象。见险而能停止不前，为明智之举。“利西南”，因为西南为坤方，坤为平坦大道，前往合宜适中，可以远离危险。“不利东北”，因为东北为艮方，艮为山，山路崎岖险峻，前往会困穷不通。“利见大人”，指跟随贤明领导可以建立功业。除了初六百姓爻不得位，其余五位管理层的爻都合理当位，只要坚守正道，是能够使国家得到治理的。蹇的卦义是见险而止，行止适时，运用蹇卦的意义是重大的。

《象》曰：**山上有水，蹇。君子以反身修德。**

【译文】《象传》说：山上有水往下流，这时爬山是很

危险的。君子应该避险就夷，从而反求诸己，修养德行，夯实基础。

初六：往蹇，来誉[1]。

《象》曰：**往蹇来誉，宜待也**。

【译文】初六：出门前往艰难，退回来就会安闲舒适。

《象传》说："往蹇来誉"，指面对蹇险应及时抑止自我躁动之心。

【注释】①誉：同"豫"，安闲，欢乐。来：不往，回来。

【按语】初六以阴居阳，与上无应，又上承两个坎卦，并居艮山最下，为出门就会被山阻雨淋、危险重重之象。如果不出门，甘心安居艮下，阻碍变成宫阙就会带来安闲欢乐的生活。

六二：王臣蹇蹇[1]**，匪躬之故**[2]。

《象》曰：**王臣蹇蹇，终无尤也**[3]。

【译文】六二：王臣之所以屡次冒险、赴汤蹈火，并不是为了自身私利。

《象传》说："王臣蹇蹇"，指六二不会有什么过失，百姓也不会向他抱怨。

【注释】①蹇：难。蹇蹇：前一蹇字为动词，犹言犯难，冒险。后一蹇字用作名词，艰难。蹇蹇犹言屡犯艰难，冒险履难。②匪：通"非"。③尤：抱怨，过失。

【按语】六二为艮山中爻、坎水下爻，持身中正，与九五阴阳正应，对九五忠心耿耿。九五为坎水中爻、离火上爻，正处水深火热当中。六二虽竭力为九五解难，但二、五之间互成火水未济卦，火水分离，难以见效。

九三：往蹇来反。

《象》曰：**往蹇来反，内喜之也**。

【**译文**】九三：与其往前行、陷入危难，不如返回与家人团聚。

《象传》说："往蹇来反"，说明与家里人团聚大家都会很开心。

【**按语**】九三为下艮主爻，下乘两个阴爻，犹如两个阴爻的顶梁柱。在蹇难之时，阴柔之爻需要依靠；九三本来阳刚得位，一心要呼应上六，只因九三又处坎水之中，水性下流，故未济而返；两个阴爻看到九三不再远离，自然欣喜。

六四：往蹇来连。

《象》曰：**往蹇来连，当位实也**。

【**译文**】六四：前往解决问题反而受牵连。

《象传》说："往蹇来连"，因为六四阴柔当位并下乘艮山。

【**按语**】六四阴柔当位，本想上行帮九五脱离坎险，然而自己有权力指挥却没能力执行，为救人使自己溺水。六四同时身陷两坎之体，如果不下应九三、脚踏实艮，很有可能被大水冲走。六四与九五同处离火之卦，下乘艮山，有引火上山之象，会使自己陷入险情之中。

九五：大蹇，朋来①。

《象》曰：**大蹇朋来，以中节也**。

【**译文**】九五：在极为艰难的时候，贤臣和朋友们都来帮助。

《象传》说：大难当前，得到友人相助，因为九五阳刚得位，优秀中正，持守节操。

【**注释**】①朋：本义为古代贝币单位，字形为两串贝，

后来引申为朋友。朋来，也指携钱而来。

【按语】九五处上卦，上卦为野外，身陷坎险，下乘艮山，为在野外遇险之象。九五阳刚中正，同时居坎、离之体，坎为水，离为明，为纯洁透明之水象；水利万物而不争，自然能得到大家的支持。除了初六不当位，其余四个爻都当位，并与九五发生关系，故言朋来。

上六：往蹇来硕，吉。利见大人。

《象》**曰：往蹇来硕，志在内也。利见大人，以从贵也。**

【译文】上六：前往应九三，困难重重；退回来应九五，能够建立丰硕功业，获得吉祥。利于拜见贤明的领导。

《象传》说："往蹇来硕"，说明志向在内部。"利见大人"，因为跟随尊贵的主人可得福利。

【按语】上六为坎水上爻，本想顺水性下流与九三相应，却被艮山阻挡，只得回来求助九五。在九五的领导下，上面四个爻互成水火既济卦，为烹饪、喜庆、建立丰硕功业之象。

卦四十　雷水解

解，利西南[1]。**无所往，其来复吉**。**有攸往，夙吉**。

【译文】解卦为天上打雷地上成涝、需要解救之象。洪涝最容易发生在西南方的平地。解救洪涝时，若没有确定的目标，则不如返回，养精蓄锐会得吉利；如果有确定的目标，应趁早行动，那样可获吉祥。

【注释】①利：利害，重要。

《彖》**曰：解**[1]**，险以动，动而免乎险，解**。**解，利西南，往得众也**。**其来复吉，乃得中也**。**有攸往夙吉，往有功也**。**天地解而雷雨作，雷雨作而百果草木皆甲坼**[2]**，解之时大矣哉**。

【译文】《彖传》说：内坎为险，外震为动；遇险而动，动而出离险，为解卦所要表达的意思。解卦说"利西南"，因为在洪涝之时往西南救灾更能得到众人的认同。"其来复吉"，因为返回养精蓄锐是遵循中道的行为。"有攸往夙吉"，因为所往能建立功业。天地凝寒之气解散，雷雨才会兴起，雷雨兴起百果草木才会破土萌芽，可见解卦中把握时机离开危险的意义非常重大。

【注释】①解：免除，解救。②甲：草木生芽后戴着裂开种皮的形状。坼（chè）：裂开。

《象》**曰：雷雨作，解**。**君子以赦过宥罪**。

【译文】《象传》说：雷雨并作会积水成涝，被困的人

们需要解救；雷雨并作又能使严寒消解、万物复苏；君子因此而恩威并施、赦免过失、宽宥罪人。

初六：无咎。

《象》曰：刚柔之际，义无咎也。

【译文】初六：筮遇此爻，没有过咎和灾难。

《象传》说：初六处在刚柔相济的位置，理应没有咎害。

【按语】初六处坎水，上承离卦，离为太阳，在太阳的照耀下，地上的水会蒸发成汽升入空中，光往下、汽往上，为刚柔交际之象，符合自然法则，故无咎。初六阴柔居下，上承九二，九二为坎水主爻，水性下流，会与初六应呼，九四又与初六阴阳正应，解卦中两个阳爻都与初六相应，应该不会有咎害。

九二：田获三狐，得黄矢。贞吉。

《象》曰：九二贞吉，得中道也。

【译文】九二：畋猎获得三只阴险的狐狸，得到黄色的箭矢，持守贞正可获吉祥。

《象传》说：九二贞吉，因为九二居下卦中位，行事遵循正道。

【按语】九二以阳处阴，居下卦中位，骑震马搭弓射箭，捕获了迷惑君主的小人“三狐”。九二居下坎中位，为坎卦的思维控制，坎为雨，雨是上天彰显仁慈的象征；上卦震雷也是代上天发号施令的天神，九二与六五相应，与上天旨意相符，故言得黄矢。

六三：负且乘，致寇至，贞吝。

《象》曰：负且乘，亦可丑也，自我致戎，又谁咎也？

【译文】六三：带着许多财物，又是背负，又是车拉，招致盗寇抢劫，卜问为灾祸之兆。

《象传》说："负且乘"，是丑陋可耻之事，由于自己贪婪招来强盗，又能去怪谁呢？

【按语】六三往上巴结九四，往下欺压九二，想发灾难财，致使雷雨大作时身陷两坎之中，变成落水野鸡（六三为互离主爻，离为雉）。

九四：解而拇，朋至斯孚。

《象》曰：解而拇，未当位也。

【译文】九四：解开你被捆绑的大拇指（与六三撇清关系），就会获得朋友的信任，从而大家坦诚相待。

《象传》说："解而拇"，说明九四所处的位置不适当。

【按语】九四为阳居阴位，处在雷火交加的重要位置。九四为坎卦中爻，坎形为捆绑之状；四爻与心、手的部位相对应；有拇指被绑之象。因为六三为不安分之爻，所以九四只能上行互成震卦，不能互成坎卦下行，下行遇坎卦就会被绑，故言解其拇。

六五：君子维有解①，吉，有孚于小人。

《象》曰：君子有解，小人退也。

【译文】六五：被束缚的君子得以解脱而获吉利，因为自己能够设身处地为他人着想，使小人也心服口服。

《象传》说："君子有解"，因为君子对身边的小人恩威并施，致使小人不是变成了君子就是远离走开。

【注释】①维：系，束缚。

【按语】六五处震卦之中，震错为巽，巽为绳，六五德不配位又居坎体，表明六五曾经被困。好在六五能在尊位用柔道，巧妙地利用九四和九二将身边的小人制服；实行权力

下放，使精明能干的九四和九二竭力为自己效忠而得解。

上六：公用射隼于高墉之上[①]**，获之，无不利**。

《**象**》**曰：公用射隼，以解悖也**。

【**译文**】上六：在高高的城墙上，王公射中一只凶恶的鹰，捕获了它，没有不吉利的。

《象传》说：“公用射隼”，说明意在除强去暴。

【**注释**】①隼（sǔn）：即鹰。

【**按语**】上六是唯一得位之爻，头脑最清醒，能把握全局，虽然阴柔却处震雷最上，外柔内刚，而鹰为公开施暴的恶鸟，故上六用箭射杀出头恶鸟，以镇天下悖逆者（全卦除上六外皆不当位），以解国家之危难。上六下乘两坎一离，坎为箭，离为鹰，有射鹰之象。

卦四十一　山泽损

损，有孚元吉，无咎。可贞，利有攸往。曷之用？二簋可用享。

【译文】损卦：心中诚信之人可获吉利，不会有咎害。能坚持正道，有所往则有所利。怎样运用损卦呢？只要心诚，用简约的两簋食物祭祀神明就足够了。

【按语】损卦为上艮下兑，艮为山，兑为泽，泽在山下，山根会被泽损，泽又会被山上落石壅，为上下互损之象。损卦从泰卦变来，九三上行变上九，为损下益上，喻指百姓纳税养国。百姓用少量的付出可获政府的保护，政府聚积民力可办大事。

《彖》曰：损，损下益上，其道上行。损而有孚，元吉无咎，可贞利有攸往，曷之用，二簋可用亨。二簋应有时，损刚益柔有时。损益盈虚，与时偕行。

【译文】《彖传》说：减损，是指向下层百姓纳税以奉养上层贵族王公，这是国家法度，由最高统治者制定施行的。损而“有孚元吉无咎，可贞利有攸往，曷之用，二簋可用亨”，指祭祀鬼神可以只用两簋食物，因为祭祀只需表达诚意。但献祭两簋食物应选对时机，减损之道也应随时而变，有时也需减损王公贵族的利益来赈济民困。总之损上益下，损下益上，应因时制宜，制衡得当。

《象》曰：山下有泽，损。君子以惩忿窒欲。

【译文】《象传》说：上为艮山，下为兑泽，山为阻止，泽为享乐，山下有泽，说明若不抑制享乐贪欲，山体就会被泽所损。君子因此制止其忿怒，杜塞其贪欲。

初九：巳事遄往[1]，无咎。酌损之。

《象》曰：巳事遄往，尚合志也[2]。

【译文】初九：损己奉上犹如参加祭祀大事，迅速前往，才不会有咎害。供品的丰俭，必须酌情掌握，拿捏分寸。

《象传》说："巳事遄往"，说明初九与上面领导的心意相同。

【注释】①巳：祀，祭祀。遄（chuán）：迅速。②尚：同"上"。

【按语】初九阳刚当位，上应六四，为兑卦享乐的基础爻，如同安分守己、赤诚爱国的百姓，只会即时纳税，不会逃税抗税。

九二：利贞，征凶。弗损益之。

《象》曰：九二：利贞，中以为志也。

【译文】九二：坚守正道有利，往前进发会有凶险。不用自损就可以使上面得到增益。

《象传》说：利贞，因为九二居下卦中位，以持守忠贞为志。

【按语】九二为阳居阴位，能力胜过职位，虽不得位，但和六五阴阳正应，犹如精明能干的地方官，不用自损，只要稳住一方百姓就是为朝廷作贡献了。反过来，若九二自损成阴爻，即使当位，也不能与六五相应，并使下面的兑卦变成震卦，使国家的喜悦变成动乱。所以，九二应该以中（忠）

为志，不能自损。九二为兑卦中爻，兑为兵器、为毁折，如果前行就会被艮山阻挡而受毁，故言征凶。

六三：三人行，则损一人；一人行，则得其友。

《象》曰：一人行，三则疑也。

【译文】六三：三人同行，难免意见分歧，必有一人被孤立；一人独行，孤单无助，需要主动邀人做伴。

《象传》说：一人独行，凡事自作主张，事无掣肘。三人同行，遇事各持己见，滋生疑惑。

【按语】损卦从泰卦变来，六三是在泰变损的过程中被损之爻，故言三人行损一人。卦变后，六三独行与上九正应，故言“一人行，则得其友”。阴阳相求必须专心致志，只能一阴求一阳，不能加入第三者，故六三爻辞成了郑玄“礼不参”理论的思想来源。《系辞》说：“天地絪蕴，万物化醇；男女构精，万物化生。《易》曰：‘三人行，则损一人；一人行，则得其友。’言致一也。”

六四：损其疾①，使遄有喜②，无咎。

《象》曰：损其疾，亦可喜也。

【译文】六四：抑制初九的冲动，使下面三爻保持兑卦喜悦的状态，不会有咎害。

《象传》说：损其疾，也是可喜之事。

【注释】①损：这里为降抑、克制之义。疾：迅速。②遄：指“遄往”的初九。有：维持，掌握。

【按语】六四为艮卦初爻，艮为山、为止、为抑制；六四又处互坤之中，坤为包容、为冷静；初九若上行与六四互换，损卦就会变成火水未济卦，为心肾不交之疾，而维持现状就会欢喜常乐。

六五：或益之十朋之龟[①]，弗克违，元吉。

《象》曰：六五元吉，自上佑也。

【译文】六五：有人送给他价值十朋的大龟，不用推辞，以免违背大家的心意，因为本来就是吉祥的。

《象传》说："六五元吉"，因为上天在护佑他。

【注释】①朋：朋贝，即钱币。古时以贝十枚为一串，称朋，十朋，即一百枚贝。十朋之龟，喻指价值昂贵之物。

【按语】六五以阴爻居尊位，主动下应九二，损自己尊严以让别人有机会表现；处互地泽临卦，可俯视天下。龟象来自九二到上九的大离卦，是阳爻在从三位升到上位后变出来的，处在六五的上方，所以对六五来说，就是从天而降的大龟。中间互坤为十，故言十朋之龟。

上九：弗损益之，无咎，贞吉。利有攸往，得臣无家。

《象》曰：弗损益之，大得志也。

【译文】上九：没有自损就使下面受到补益，不会有咎害，持守正道可获吉祥。有所往必获利，得到广大臣民的拥护，就不必在乎自己的小家。

《象传》说："弗损益之"，说明上九的平生志愿当能实现。

【按语】上九从泰卦的内卦（小家）走出来，升到上位，下乘三个阴爻（坤臣），为离开家后得到很多臣民之象。上九为艮卦主爻，艮为少男、为朝廷，虽如刚登基的少年君主，但有坤臣的顺从和兑民的拥护，故不用事必躬亲，无需自损。

卦四十二　风雷益

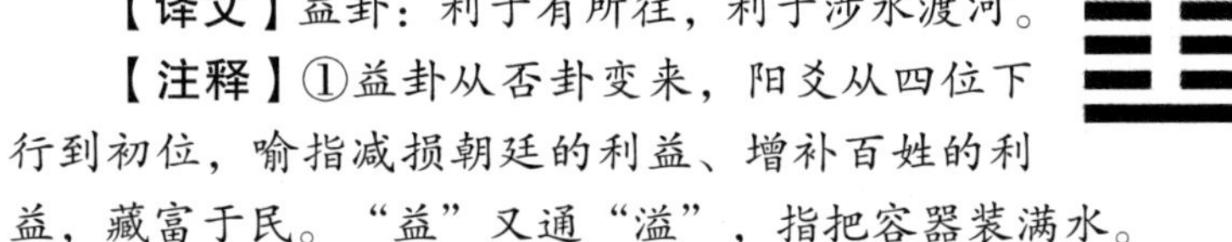

益[1]，利有攸往，利涉大川。

【译文】益卦：利于有所往，利于涉水渡河。

【注释】①益卦从否卦变来，阳爻从四位下行到初位，喻指减损朝廷的利益、增补百姓的利益，藏富于民。“益”又通“溢”，指把容器装满水。

《彖》曰：**益，损上益下[1]，民说无疆[2]，自上下下，其道大光。利有攸往，中正有庆。利涉大川，木道乃行。益动而巽，日进无疆。天施地生，其益无方。凡益之道，与时偕行。**

【译文】《彖传》说：补益，是指减轻赋役，纾解民困，这样百姓就会欢喜无边。君上谦卑，尊重百姓，体察民意，他的治国之道就会大放光明。卦辞说“利有攸往”，因为九五、六二分别居于上、下卦中位，像君臣百姓各守其道而得吉庆安宁。“利涉大川”，指用木舟渡河的道理得到推行，因为木轻于水才能被水推动。补益之时，下者兴动而上者谦逊，其效果就会日益显现，不可限量。上天施降恩泽，大地就能生育万物，天地之间的补益没有固定方式。补益的主要原则是随时令而变化。

【注释】①损上益下：下为上之本，损下则伤本，益下则固本，本固方枝荣。②说：通“悦”，欢喜。

《象》曰：**风雷，益。君子以见善则迁，有过则改。**

【译文】《象传》说：上为巽风，下为震雷，风雷激荡，

上下彰益，上轻下重，本固枝荣，相互补益，是益卦蕴含的意义。君子因为敬畏风雷的威力，所以见善则从之，有过则改之。

初九：利用为大作，元吉，无咎。

《象》曰：**元吉无咎，下不厚事也。**

【**译文**】初九：有利于施展身手、建立功业，一开始就大吉大利，不会有咎害。

《象传》说："元吉无咎"，是说初九处在下面，却不用付出太多去事奉朝廷。

【**按语**】初九从否卦九四而来，阳刚得位，为震卦主爻，震为发动、进取，又与六四相应，六四居艮体，艮为宫阙、朝廷，朝中有人好做事，是大展身手的好时机。

六二：或益之十朋之龟，弗克违，永贞吉。王用享于帝，吉。

《象》曰：**或益之，自外来也。**

【**译文**】六二：有人赐予价值十朋的大宝龟，不可拒违其命，永远保持忠贞可得吉祥。君王祭祀天帝、为民祈福时会用到宝龟，因心诚不违而得吉。

《象传》说："或益之"，说明这大宝龟是从外面送来的。

【**按语**】六二中正又与九五相应，犹如忠心耿耿的地方官得到君主的赏赐；但必须持守正固，让君主知道自己和君主一样敬天爱民。六二与初九比应，初九来自否卦的九四，卦变后，下面五个爻互成大离之龟，故说自外来。

六三：益之用凶事，无咎，有孚，中行告公用圭。

《象》曰：**益用凶事，固有之也。**

【**译文**】六三：把所得的补益用在处理凶难、赈灾救险事件中，不会有咎害；但必须心怀诚信、忠心耿耿、手持玉圭向君主禀报。

《象传》说："益用凶事"，说明这是取之于民用之于民的自然之理。

【按语】益卦从否卦变来，否卦四爻下行到初爻，减损了上乾，补益了下坤。益卦损坏了否卦的下坤，致使大地发生灾荒。六三为多凶之地，处震卦外爻，性格莽撞好动，居位不正却受益最多，所以必须持守忠贞，联系上下以成坤圭，作为巩固朝廷的根本。

六四：中行告公从，利用为依迁国。

《象》曰：告公从，以益志也。

【译文】六四：以忠贞之志行乎中道，禀告君主，表达自己的顺从之意以及迁都的想法，君主信任就会举行迁都益民的大事。

《象传》说："告公从"，说明六四以益民为志向，使君臣上下团结更加坚固。

【按语】从否卦到益卦，下坤向上推移，坤为国邑、都城，故言迁国。六四处坤卦最上、巽卦最下，坤巽皆主顺从，巽又代表无孔不入的风，所以能获得君主的信任。用谦虚的态度照顾下面，用顺承的态度效忠上面，自然有益于施展自己的抱负、移风易俗、改迁国都。

九五：有孚惠心，勿问元吉。有孚，惠我德。

《象》曰：有孚惠心，勿问之矣。惠我德，大得志也。

【译文】九五：用诚信柔顺之心为百姓广施恩惠，不用问卜是因为本来就吉利。我的德行会获得大家的信任，并且会使大家报答于我。

《象传》说："有孚惠心"，说明不需疑虑问卜，只要耕耘就会有收获。"惠我德"，说明损上之德行、来益下之精神，是可以获得民心、取得成功的。

【按语】九五为君主之位，是否卦变益卦活动中的首领。九五的决策改变了否闭的状态，使全民受益，自然会赢得大家的爱戴。九五阳刚中正，同时居巽、艮之体，下乘坤卦和震卦，巽为风、为命令，艮为山，坤为地，震为春天，有大山和平地上的万物沐浴春风之象。

上九：莫益之，或击之，立心勿恒，凶。

《象》曰：**莫益之，偏辞也**[①]**；或击之，自外来也**。

【译文】上九：不要去增益他，有人在攻击他。如果立志不坚定，就会有凶险。

《象传》说："莫益之"，说明上九处在偏僻之末端。有人攻击他，说明位置太高容易招来外部的袭击。

【注释】①辞：躲避。偏辞：大家躲避的偏僻之处。

【按语】益卦为上巽下震，巽为风、为轻、为根浅之木，震为雷、为重、为根深之木，上轻下重，如同一棵根深柢固的大树。上九为益卦最上爻，对应大树枝端顶部。树的枝端过细过柔，当然不能再增益，而且树枝升入天空，最容易招风雨雷电的攻击，故言莫益之。

卦四十三　泽天夬

夬[1]，扬于王庭，孚号有厉；告自邑，不利即戎，利有攸往。

【译文】夬卦：象征决断，在王庭上宣布小人的罪行，并心怀诚信、号令众人戒备危乱。此时应先在本城邑中安民告示，不利于立即兴兵讨伐，但利于有所作为。

【注释】①夬（guài）：决断之义。夬卦为下乾天、上兑泽，泽处天上，喻指天上恩泽的施降须由神明决定。

《彖》曰：夬，决也。刚决柔也。健而说，决而和。扬于王庭，柔乘五刚也。孚号有厉，其危乃光也。告自邑，不利即戎，所尚乃穷也。利有攸往，刚长乃终也。

【译文】《彖传》说：夬，即决断之义。夬卦五刚一柔，刚定决胜于柔。上卦为兑，兑为悦；下卦为乾，乾为健；说明刚健而又和悦，敢于决断而又能和睦相处。"扬于王庭"，这是因为阴柔上六居五个阳爻之上。"孚号有厉"，说明时刻让人们处于畏惧戒备之中才能把除恶决断的精神发扬光大。"告自邑，不利即戎"，因为立即发兵出征，滥用武力，会使除恶决断之道走向穷途末路。"利有攸往"，说明阳刚不断壮大，君子最终可以制服小人。

《象》曰：泽上于天，夬。君子以施禄及下，居德则忌。

【译文】《象传》说：泽水蒸发到天上，天会根据地上

万物的需要，及时决定施泽水以润万物，就是夬卦的含义。君子因此果决施恩泽给百姓，最忌讳以德自居、积而不施。

初九：壮于前趾，往不胜，为咎。

《象》曰：**不胜而往，咎也。**

【译文】初九：只知腿脚有力，不懂方式方法，冒然前往不能取胜，为咎由自取。

《象传》说：不知怎样取胜就前往，将有咎害。

【按语】初九虽然刚强有力，但地位卑微，无人帮助，前往不但会受到众阳爻的阻挡，还会遭到上兑锐器的挫伤，此时为“潜龙勿用”，只宜养精蓄锐。

九二：惕号，莫夜有戎[①]，勿恤。

《象》曰：**有戎勿恤，得中道也。**

【译文】九二：有所警惕而不断发出呼叫，即使夜间有敌兵来侵袭，也不用担忧。

《象传》说：“有戎勿恤”，因为九二居下卦中位，能冷静持守中道。

【注释】①莫：通“暮”，晚上。戎：这里指兵营被袭。

【按语】九二阳居阴位，能力胜过职位，易躁动而发号，号而无应易思变，变则使下卦成为离卦，离为火、甲胄、兵革、警惕之心，熏烤上泽以成革卦而获得新的进展，故言勿恤。

九三：壮于頄[①]，有凶。君子夬夬独行[②]，遇雨，若濡有愠[③]，无咎。

《象》曰：**君子夬夬，终无咎也。**

【译文】九三：强势表现在高突的颧骨上，只知终日乾乾，不知夕惕若，故凶。君子匆匆独行，途中遇雨，被淋湿还遭怀疑，故心生怒气，但无咎害。

《象传》说："君子夬夬"，指君子应该刚毅果决，当断则断，才会使结果无咎。

【注释】①頄（qiú）：颧骨。②夬夬：假借为趹趹（jué），急走貌。③濡：湿。愠（yùn）：恼怒。

【按语】九三刚躁过头，急欲成功，晚上冒险去告知上六，要上六在大势之下主动自隐。九三因为自己的行为引起大家怀疑而有愠，又因上六听从了自己的建议后自隐而无咎。

九四：臀无肤，其行次且[1]**。牵羊悔亡，闻言不信。**

《象》曰：**其行次且，位不当也。闻言不信，聪不明也。**

【译文】九四：臀部严重受伤，行走十分困难。有人告诉他，牵着羊一起走就会没事；可是他听不进别人的劝告。

《象传》说："其行次且"，因为九四阳爻居阴位，处境很不利。"闻言不信"，说明他听觉不好，难明事理。

【注释】①次且：同"趑趄"（zī jū），脚步不稳，行走困难。

【按语】九四阳爻在阴位，能力胜过职位，居兑体，兑为口、为羊、为急躁，喻指先因心急失言而后悔，后因甘愿被人牵着当羊、俯首称臣而悔亡。九四出乾入兑，阳占阴位，刚被阴掩，心中多惧，致使坎耳被兑口所填，只顾自己说，不听别人讲。坎为月、为肉，坎体不现，故曰无肤。如果九四率群羊（下面三个阳爻）上行，去制服上六，会很顺利；可是九四居兑锐之中，锋芒毕露，听不进劝告。

九五：苋陆夬夬[1]**，中行，无咎。**

《象》曰：**中行无咎，中未光也。**

【译文】九五：像斩除柔脆的苋陆草一样果断地消除身边的小人，并能居中行正，不会有咎害。

《象传》说："中行无咎"，说明此时九五的中正之道还未能发扬光大。

【注释】①苋（xiàn）：苋陆草，又叫马齿苋，一种生命力极强的田间野草，柔脆易折，若非连根拔起就不能清除。苋陆夬夬：说明不能贪念苋陆草的柔脆可爱，只有铲除苋陆草才能收获粮食。

【按语】九五阳爻居刚位，为中正君主，职高权重，被群阳推着去消灭上六；虽然能用刚强的手段消灭上六，但行为偏激也会走向相反的一面，何况敌对势力很难斩草除根。好在九五为兑卦中爻，兑为愉悦，能够用愉悦的态度与上六亲比，同时展示刚健和中正的美德，对待敌对势力采取恩威并施，所以没有咎害。

上六：无号，终有凶。

《象》曰：**无号之凶，终不可长也。**

【译文】上六：没有号啕大哭，因为自己知道最终会有凶险。

《象传》说："无号之凶"，说明运势衰微，终不可保。

【按语】上六为夬卦主爻，处全卦最上，兑口外爻；如果充分发挥自己的圆融手腕、擅长说服别人的口才天赋，可以暂时使乾兑共存；如果不挖掘兑口的天赋，束手以待，乾会很快取代兑。

卦四十四　天风姤

姤[1]，女壮，勿用取女。

【译文】姤卦：女子越来越强壮，不要娶她为妻。

【注释】①姤（gòu），同“媾”，媾合，阴阳相遇。媾本义是重婚，交互为婚姻，亲上结亲。

《彖》曰：**姤，遇也，柔遇刚也。勿用取女，不可与长也[1]。天地相遇，品物咸章也[2]。刚遇中正，天下大行也。姤之时义大矣哉。**

【译文】《彖传》说：姤，即相遇之义，指初六阴爻与其余阳爻相遇。“勿用取女”，因为姤卦的爻象是一阴爻与五阳爻相遇，犹如一女遇五男，是不应支持她的发展的。天地相遇，万种物类因此成长而得以彰显。只有刚强的男性都能遇到做事适中而又正确的女性，天下的人伦教化才会大为通畅。合乎时宜的相遇是大有意义的。

【注释】①与：支持。长：生长，发展。②品：种类。

《象》曰：**天下有风，姤。后以施命诰四方[1]。**

【译文】《象传》说：上乾下巽，为风行天下、无所不遇、无孔不入之象。君王观此卦象，从而效法柔风吹拂万物，昭告四方，施教化于天下。

【注释】①后：君。诰：告。

初六：系于金柅[1]，贞吉。有攸往，见凶。羸豕孚蹢躅[2]。

《象》曰：**系于金柅，柔道牵也。**

【译文】初六：制止，使车不再前进，固守贞正则吉祥。急于前往，必定遇到凶险。在守道不动和违道往前的抉择上，充满矛盾困惑，犹豫徘徊，就像发情期的母猪一样躁动不安。

《象传》说："系于金柅"，说明阴柔被阳刚牵制着。

【注释】①柅（nǐ）：车闸片。②羸：瘦弱，这里指母性。豕（shǐ）：猪。孚：通"桴"（fú），牵引。蹢躅（zhí zhú）：徘徊不前的样子。

【按语】初六以一阴上承五阳，具有极强的渗透力，虽然阴居阳位、能力小于职位，但欲望却很大，脚踩很多船，不知去哪里好；若急于往前草率行动，必遇凶。初六自己持守忠贞能得吉，但五阳相争，难免发生冲突，故言见凶。初六为巽卦主爻，巽为长女，长女勤于家中女工之事、守道，就吉祥；到外面随意遇合、违道，就有凶险。

九二：包有鱼[1]，无咎，不利宾[2]。

《象》曰：**包有鱼，义不及宾也[3]。**

【译文】九二：厨房有鱼，但不利宴请宾客，拒绝与人分享。

《象传》说："包有鱼"，指九二把初六包住，使她不能遇到宾客。

【注释】①包：包围；又通"庖"，厨房。鱼：指初六，与乾卦的潜龙相对，龙为阳，鱼为阴，同为水中之物；姤卦初六和乾卦初九都是上承三个互乾，处天地水之下。②宾：这里用作动词，犹言宴请宾客。③义：同"宜"，使合宜。

【按语】九二为巽卦中爻，巽为工、为木，能生火，又可指厨房。下乘初六，初六处三乾之下，为水界之阴物，有鱼之象。九二阳居阴位，能力胜过职位，知道初六与九四正应，趁近水楼台，提前将初六包住。九二为巽卦中心爻，巽为鸡，属能飞之阳物；初六为鱼，属潜水之阴物；二者皆为厨中美食，两爻媾合相应，犹如厨中拥有美食，故说庖有鱼。

九三：臀无肤，其行次且[1]。厉，无大咎。

《象》曰：其行次且，行未牵也。

【译文】九三：臀部羸瘦没有肌肉，行走十分困难，情况危厉，但无大灾祸。

《象传》说："其行次且"，说明九三没有人牵引、扶持。

【注释】①次且：同"趑趄"，脚步不稳。

【按语】九三是身体的臀位之爻，并处巽体，巽属木、也为臀，上承乾卦，乾为金，木被金克，故言臀无肤。虽然九三阳刚得位，但无应爻，没人引导，不能与初六发生关系，艰辛地安守单身不会有大咎害。

九四：包无鱼，起凶。

《象》曰：无鱼之凶，远民也。

【译文】九四：厨中无鱼，如果奋起行动就会有凶险。

《象传》说："无鱼之凶"，因为九四阳居阴位，有不安守本分、脱离民众的意愿。

【按语】九四以阳刚居乾体，乾现巽隐，堵塞了可烹鱼的厨房（巽卦），又被四个阳爻所包，不能下应初六，为庖无鱼之象。九四身居三乾之体，处在通往三界之天的交叉路口，却没有鱼作祭品，故凶。乾又为马、为刚健、为发动，九四身处三个互乾，被下面两个阳爻推着上冲，无法接触初六之民爻（阴为阳之民），只奉上、不抚下的无民之举措，必然遇凶。

九五：以杞包瓜[1]，含章，有殒自天。

《象》曰：**九五含章，中正也。有殒自天，志不舍命也[2]。**

【译文】九五：充分利用初六，如用杞柳筐装载甜美的瓜果；含蓄不露，不用四处奔波，瓜熟自然蒂落。

《象传》说："九五含章"，指九五得位又居中，做事适中又正确。"有殒自天"，说明他有不违逆天命的志向。

【注释】①杞：杞柳，生长在水边，枝可编筐。柳属阴、招鬼，为四大鬼树之一。有民谣说："前不栽桑，后不栽柳，门前不栽鬼拍手。"瓜：指九五下面的互乾，乾为瓜、木果。②舍：舍弃，违逆。

【按语】九五虽然不能与初六直接相应，但能巧妙地利用初六的阴柔之性牵制下面三位阳爻，使三位阳爻如同金瓜坠入初六编织的柳枝筐中一样听话。

上九：姤其角[1]，吝[2]，无咎。

《象》曰：**姤其角，上穷吝也。**

【译文】上九：在饮酒中求欢媾，实为贪婪，暂时没有灾祸。

《象传》说："姤其角"，因为上九高到尽头而生贪婪。

【注释】①角：盛酒的器具。②吝：贪婪。

【按语】上九是唯一爻辞中有"姤"字的，应为姤卦主爻。上九没有听信卦辞中的"勿用取女"的告诫，而走进了酒色之吝境。上九处众阳之上，为上乾老男之外爻，知进不知退，无法抵挡无孔不入的巽女的诱惑，沉迷于温柔之乡。由于上九阳居阴位，功劳胜过职位，而巽女是众阳推荐而来，并非自己寻来，并且乾为木果、巽为木，果上木下，符合自然之道，故暂时无咎。

卦四十五　泽地萃

萃[1]，亨。王假有庙[2]。利见大人。亨，利贞。用大牲吉[3]。利有攸往。

【译文】萃卦：通泰。君王来到宗庙，聚众人祭祀祖先。此时利于向大人请求帮助。只要坚守贞正，就会畅通无阻。用大牲口祭祀可获吉祥，前往做事会得利。

【注释】①萃：草丛生茂盛的样子。萃卦指地上聚水，又指泽淹大地、洪水泛滥之危机。②假：读gé，到。③大牲：牛。古代以牛为大牲。

《彖》曰：**萃，聚也。顺以说，刚中而应，故聚也。王假有庙，致孝享也。利见大人亨，聚以正也。用大牲吉，利有攸往，顺天命也。观其所聚，而天地万物之情可见矣。**

【译文】《彖传》说：萃，即聚积之义。下坤为顺，上兑为悦，和顺而喜悦。九五阳刚中正，能使阴柔当位的六二前来应助，故有聚集民众之义。“王假有庙”，说明君王到宗庙祭祀是为了表达对祖考的孝敬。“利见大人亨”，是因为本着光明正大的原则去宗庙参加祭祀。“用大牲吉，利有攸往”，说明这是顺应天命行事。观察他们聚集的方式，就可以了解当时的社会风气和万物的情状。

《象》曰：**泽上于地，萃。君子以除戎器，戒不虞[1]。**

【译文】《象传》说：泽水聚于地上，是萃卦的卦象。君子观此卦象，以泽水泛滥、祸乱丛聚为戒，从而修治兵器，

戒备意外的变乱。

【注释】①不虞：意外之患。

初六：有孚不终，乃乱乃萃，若号，一握为笑[1]，勿恤，往无咎。

《象》曰：**乃乱乃萃，其志乱也。**

【译文】初六：虽有诚信但不能保持至终，以至搞乱了聚会目的。如果大声呼喊，求助于九四，瞬间就会变为欢笑，不必忧虑，前往不会有咎害。

《象传》说："乃乱乃萃"，说明大家的内心志向不是很明朗。

【注释】①一握：一握手的时间，瞬间。

【按语】本来下卦坤地的聚集是为了效忠上卦兑泽，初六阴居阳位，不中不正，只想单独与九四相应，致使聚会出乱。

六二：引吉，无咎。孚乃利用禴[1]。

《象》曰：**引吉无咎，中未变也。**

【译文】六二：接受九五引导可获吉祥，没有咎害。只要心怀诚信，即使微薄的祭品，也有利于敬献神明。

《象传》说："引吉无咎"，因为六二阴爻居于下卦中位，坚守正道，意志不变。

【注释】①禴（yuè）：殷商时春祭之名。四季祭礼均为薄礼。

【按语】六二为下坤主爻，若不能持守正固，全局就会失控，动则变为困卦，所以只能静待九五下行。六二处艮体，上承巽卦，艮为手，巽为绳，有用手牵绳引导之象。上兑为享，下坤为畜，中巽为祭祀，故言用禴。六二又处内互风山渐卦，蕴含渐渐高升之趋势。

六三：萃如嗟如，无攸利，往无咎，小吝。

《象》曰：往无咎，上巽也。

【译文】六三：因聚会而忧虑、嗟叹，得不到什么利益，前往不会有咎害，但会碰到困难。

《象传》说："往无咎"，因为六三阴爻居于九四阳爻之下，与九四、九五互成巽卦，为臣下顺从君上之意。

【按语】六三阴居阳位又无应，由于自己能力过小，不愿与下面两个阴爻聚会，只想上行求助九四。因为六三、九四都不当位，为不正当的呼应，做事很难合理，所以会有小吝。

九四：大吉，无咎。

《象》曰：大吉无咎，位不当也。

【译文】九四：只有获得大吉后，才会没有灾难。

《象传》说："大吉无咎"，因为九四阳居阴位，处位不妥当。

【按语】九四为近君之臣，处兑卦之体，兑为西虎，说明伴君如伴虎；九四阳居阴位，为巽卦中爻，巽为文书、圣旨，会因处理朝政引起九五的猜疑；九四又为艮卦主爻，艮为牢狱，有被囚的可能；所以说处位不当。九四只有下聚三位阴爻，同奉九五，努力建功后，才能享受兑卦之喜悦。

九五：萃有位，无咎，匪孚。元永贞，悔亡。

《象》曰：萃有位，志未光也。

【译文】九五：聚集众人而且拥有核心尊位，没有咎害，但不能让所有人都甘心服从。因为一直持守贞正，未改初心，所以没有留下悔恨。

《象传》说："萃有位"，说明王者之志还没有全面光大。

【按语】九五同时处巽、兑之体，巽为淫乱，兑为享乐，容易沉迷于酒色、与上面四个爻互成大过卦（内心过于刚烈）而有悔；好在有九四鼎力相助，使自己与下面五个爻互成观卦（祭祀并效仿风神）而悔亡。

上六：赍咨涕洟[①]，无咎。

《象》曰：赍咨涕洟，未安上也。

【译文】上六：手捧公文，流涕痛哭，求助于九五，不会有咎害。

《象传》说："赍咨涕洟"，说明上六虽居于全卦最高之位，其心并非安居于外，常存求萃于君主之心。

【注释】①赍（jī）：手捧。咨：一种文书；又有咨嗟、叹息之义。涕（tì）：眼泪。洟（yí）：鼻涕。

【按语】上六居萃卦最顶端，为兑泽的上爻，有泽水溢出地面泛滥成灾之象。上六居兑体，下乘巽和艮，与九五比应，艮为手，巽为文书，兑为眼泪，喻指上六因洪水泛滥而捧着公文向九五诉苦。巽又为财，兑又为口，上六处兑乘巽，而巽卦的出现会使坤卦分散，喻指上六因财聚民散而叹息。好在上六与中正的九五相应，九五利用六二的凝聚力使坤地不散，承载住上面的泽水，故无咎。

卦四十六　地风升

升，元亨，用见大人，勿恤。南征吉。

【译文】升卦：刚开始就亨通，宜于会见王公贵族，不用担忧。此时出征南方吉利。

【按语】升卦为巽下坤上，巽为风、为柔，坤为地、为顺，柔而升，顺而进；风藏地下，为先曲后升之象。巽又为木，被埋在坤地之下，要想发芽、升出地面，需要阳光的照射，八卦中离为阳光、为南方，故言南征吉。

《彖》曰：**柔以时升，巽而顺，刚中而应，是以大亨。用见大人，勿恤，有庆也。南征吉，志行也。**

【译文】《彖传》说：地下之木按时上升，谦逊而又柔顺，内心刚强能与外面环境相应，所以能够大亨通。"用见大人，勿恤"，因为即将有吉庆之事。"南征吉"，表示出征有利，志得意行。

《象》曰：**地中生木，升。君子以顺德，积小以高大。**

【译文】《象传》说：外坤内巽，木植于地中，由小到大，由低到高，年年生长，为升卦的卦象。君子因此遵循德义，加强修养，从细小做起，逐步培育崇高的品德。

初六：允升，大吉。

《象》曰：**允升大吉，上合志也。**

【译文】初六：因被公允提拔而得以前进、发展，大吉

大利。

《象传》说："允升大吉"，说明尚能与领导契合心意。

【按语】初六虽不当位，又与六四敌应，但为下巽主爻，与上坤柔顺的志趣相同而被提拔。初六阴柔位卑，上无应爻，既要顺从大局、按时上升，又要安分守己、不托关系，才能大吉。

九二：孚乃利用禴[1]，无咎。

《象》曰：九二之孚，有喜也。

【译文】九二：只要心存诚信，即使是仪式简单的禴祭也是有利的，不会有咎害。

《象传》说：九二爻辞讲祭祀鬼神必用诚信，因为那样才会有喜庆之事。

【注释】①禴（yuè）：春祭之名。

【按语】祭祀和办差都应以诚信为本。九二处巽卦中位，巽为命令、为献祭供品，说明九二提拔初六是奉朝廷之命和神明之旨。九二处互兑之体，兑为饮食、俸禄、喜悦，九二又处内互归妹卦之中（男女心动相爱而成眷属），所以无咎有喜。

九三：升虚邑[1]。

《象》曰：升虚邑，无所疑。

【译文】九三：登临建立在大丘之上的城邑，如同被提升为储君，只得个虚职。

《象传》说："升虚邑"，表明九三登高望远，所见甚明，无所疑惑。

【注释】①虚：空虚；又通"墟"，指大丘。邑：城邑。

【按语】九三处震体，上承坤卦，震为上升，坤为空地，有前进获得土地以及一路畅通、升补空缺之象，故言升虚邑。九三处巽风最前，阳刚得位，又与上六相应，最爱出风头，因被怀疑而不得实权。

六四：王用亨于岐山[1]**。吉，无咎**。

《象》**曰：王用亨于岐山，顺事也**。

【译文】六四：君王让他来祭祀山川神灵，吉利，没有咎害。

《象传》说：君王在岐山祭祀，之所以吉而无咎害，因为那是顺乎天理之事。

【注释】①亨：同“享”，祭祀。岐山：西周境内的地名，在今陕西岐山县东北。亨于岐山，指周文王迁于岐山之事。

【按语】六四为兑卦主爻，兑为享乐、为祭祀、为西方，六四近君乘刚，身为朝廷重臣，往往被委派主持祭祀。六四阴柔当位，跨出巽卦进入坤卦，由小顺进入大顺，有顺应天子，以及小邦升入大国之象。六四与六五同处震体，震为上进、为亨通，说明王道的亨通必须任用贤才六四。

六五：贞吉，升阶[1]。

《象》**：贞吉升阶，大得志也**。

【译文】六五：因为持守正贞而得吉祥，被众人推举，沿着台阶上升。

《象传》说：“贞吉升阶”，说明循序渐进可使志愿得伸、目的到达。

【注释】①升：登。阶：梯。升阶，犹言拾级而升。

【按语】六五阴柔居尊位，处震卦最上爻，下应九二；九二同时处巽卦和兑卦之体，又上承震卦，兑为锋锐兵器，巽为风、为命令，震为向上推动；说明六五是被九二护送推

上尊位的幼主。六五为坤卦中爻，又处震体，下乘兑悦和巽风，有乘风而升、与时偕行之象，所占之事将会渐入佳境。

上六：冥升[1]，利于不息之贞。

《**象**》**曰：冥升在上，消不富也**[2]。

【**译文**】上六：昏暮之时，日升入冥，为禄位已尽、魂魄即将归入冥域之兆，利于在冥冥不息的环境中持守正贞。

《象传》说：上六爻已居全卦顶峰，仍然被暗暗提升，是不会有福气消受的。

【**注释**】①冥：幽暗，夜晚。②富：同“福”，福气。

【**按语**】上六处坤卦外爻，下乘巽木、兑悦、震动，有树木在黑夜里静静生长之象。上六被震雷推着，致使隐藏在下面的乾卦不息地运动。地虽静而木不息，创业容易守业难，在幽暗的环境中，上六更应该勤勉不息、彻夜不停地努力维持现状。

卦四十七　泽水困

困[1]，亨，贞大人吉[2]，无咎。有言不信[3]。

【译文】困卦：寻求亨通，卜问王公贵族之事吉利，没有咎害。筮遇此卦，有罪之人无法申辩清楚。

【注释】①困：卦名。困字本义为树木被限制生长而困顿。②贞：占卜。③言：愆，罪。信：伸，申述。

【按语】困卦为上兑下坎，兑为阴，为泽；坎为阳，为水；泽下漏水，鱼虾等水中生物就会处于穷困之境；阳处阴下，刚被柔掩，如同君子才智难展，处于困乏之地；上兑为刀剑，下坎为流水，刀剑断水水更流。

《彖》曰：**困，刚揜也[1]。险以说，困而不失其所亨，其为君子乎？贞大人吉，以刚中也。有言不信，尚口乃穷也。**

【译文】《彖传》说：困卦的坎阳刚被兑阴柔掩压，英雄无用武之地故困。上兑为悦，下坎为险，处境困苦却内心欢悦，虽处困境，但不失其操守，穷中求通，恐怕只有德才兼备的君子才具有这种信念。"贞大人吉"，因为阳刚的九二、九五居于下、上卦的中位，喻指王公贵族因行事适中可得吉利。"有言不信"，说明在困难面前崇尚空谈，不务实际，只会无人信任、更加穷困。

【注释】①揜：同"掩"，覆盖。

《象》曰：**泽无水，困。君子以致命遂志[1]。**

【译文】《象传》说：上兑泽，下坎水，水漏于泽下，泽中干涸，为困卦的卦象。君子因此处困境不会气馁，舍身捐命也要完成自己的使命。

【注释】①致命：献出生命。遂志：实现志向。

初六：臀困于株木[①]，入于幽谷，三岁不觌[②]。

《象》曰：**入于幽谷，幽不明也。**

【译文】初六：困于深山幽谷，坐在光秃秃的株木之下，连续多年不能与人相见。

《象传》说："入于幽谷"，说明在幽暗的环境中是辨不清是非的。

【注释】①株木：没有枝叶的树。②觌（dí）：相见。

【按语】坎卦为陷，又为一阳爻凸起于坤土之上的株木之象。坎中凸起阳爻九二上承巽树，树会遮挡阳光，故说入于幽谷。位低又无能的初六，被困在坎谷最底，虽然能够与九二、九四相应，但是九二、九四都不当位，并且他们自身被大环境所困，无法呼应。

九二：困于酒食，朱绂方来[①]，利用享祀，征凶[②]，无咎。

《象》曰：**困于酒食，中有庆也。**

【译文】九二：被酒食所困，因为刚刚上任就职，只有树立形象，为民祈福，方能无咎；若向民索取，与民争夺，就会有凶。

《象传》说："困于酒食"，如果九二坚守中道，用酒食来为民祭祀祈福，将有吉庆之事。

【注释】①绂（fú）：系官印的丝带。朱绂：天子所赐的侯王公卿之服。②征：争夺，索取。

【按语】困卦变自否卦，九二从否卦上九而来，犹如刚被朝廷委派前来解决地方危难的官员，没想到会被百姓进献的酒食所困。

六三：困于石[1]，据于蒺藜[2]，入于其宫，不见其妻，凶。

《象》曰：据于蒺藜，乘刚也。入于其宫，不见其妻，不祥也。

【译文】六三：脚被乱石绊倒，手被蒺藜刺伤，历难归家，妻子又不见了，这是凶险之兆。

《象传》说："据于蒺藜"，因为六三阴爻居于九二阳爻之上，像弱者攀附于强势之人，受其威胁而出逃。"入于其宫，不见其妻"，这是不祥的兆头。

【注释】①困：绊倒。困于石，指被石头绊倒。②据：抓、拿。蒺藜（jí lí）：一种果实有刺的植物。

【按语】六三处坎体乱石之上，又在火水未济之中，上无应助，为巽风主爻、坎浪外爻，风急浪高，凶不可测。

九四：来徐徐[1]，困于金车[2]。吝，有终。

《象》曰：来徐徐，志在下也。虽不当位，有与也。

【译文】九四：很不情愿地缓缓来到，被官方的金钱和车辆所困，经历虽艰难，却终能如愿。

《象传》说："来徐徐"，因为九四虽有志向却被压在下面。九四虽然不当位，但是甘居九五之下，态度谦卑，仍能得到帮助。

【注释】①徐徐：缓慢执行公务，因为下面三爻都不当位，致使兑卦的言路堵塞，不能了解民情。②金：同"禁"。金车，即禁车、囚车，又指朝廷的官车，可代表朝廷。

【按语】四爻本属阴位，九四以阳居之，使坎卦变成兑卦，坎为车，兑为金，故言困于金车。九四处上兑底层，下

面三爻都失位，虽为近君之臣却说话没人听，于是联系上下爻互成巽卦，巽为谦逊、为柔风、为命令，以柔履尊职，得道自然多助。九四得到九五的信任后，就可以下行与初六相应，犹如湖水入大江，故说有终。

九五：劓刖[①]，困于赤绂[②]；乃徐有说[③]，利用祭祀。

《象》曰：劓刖，志未得也。乃徐有说，以中直也。利用祭祀，受福也。

【译文】九五：割伤了鼻子，断了腿，被身上红色官服所困，持守正道，为民祈福才能慢慢找到脱身的机会。

《象传》说："劓刖"，说明九五没有通过卦变实现自己的志向。"乃徐有说"，因为九五居上卦中位，立身正直，能化险为夷。"利用祭祀"，说明此时应该虔诚地祭祀、为民祈福。

【注释】①劓（yì）：割鼻。刖（yuè）：断腿。②赤绂：官服，义同九二爻辞"朱绂"。③说：同"脱"，脱离。

【按语】困卦从否卦而来，上九变上六，因阳气受损而伤鼻；六二变九二，因阴爻失位而伤足。六三、九四失位却与九五互成巽之绂，故说被官服所困。九五与九二敌应，不能下行，致使言路受阻。只有九五屈尊为民祈祷，阳变阴以成内险外动的解救之卦，使祭祀之巽隐伏其下，才能脱离困境。

上六：困于葛藟[①]，于臲卼[②]，曰动悔有悔[③]。征吉。

《象》曰：困于葛藟，未当也。动悔有悔，吉行也。

【译文】上六：被葛藟绊倒，困在动摇危险之处，应当仔细思量，不可随意行动，否则悔上加悔。如果前进征伐可获吉利。

《象传》说："困于葛藟"，因为行为不得当。"动悔有悔"，指悔悟之后前进征伐可获吉利。

【注释】①葛藟（lěi）：蔓生植物，有刺，又叫葛针。②臲卼（niè wù）：动摇不安定的样子。③曰：发语词，此处有思量之义。有：同"又"。

【按语】上六下乘巽卦，巽为绳，有被绊象；下乘互涣卦，涣为分散，有危坠象。上六为兑卦主爻，自己不变则为刀剑，以刀砍水水更流；变，则灭兑口而使人亡；只有联合下面四个爻互成革卦，前行征伐革命，方能得吉。

卦四十八　水风井

井①，改邑不改井，无丧无得。往来井，井汔至②，亦未繘井③，羸其瓶④，凶。

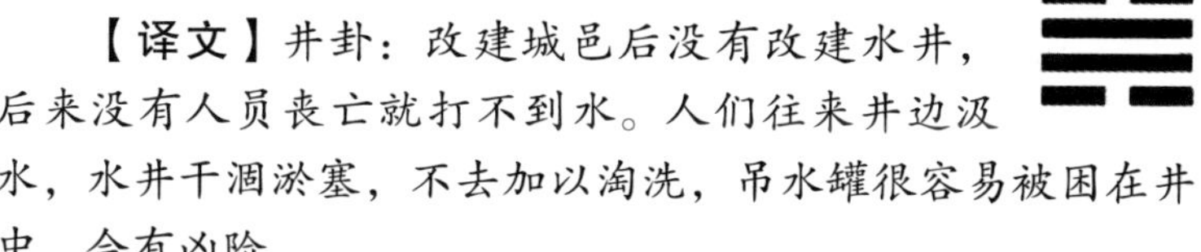

【**译文**】井卦：改建城邑后没有改建水井，后来没有人员丧亡就打不到水。人们往来井边汲水，水井干涸淤塞，不去加以淘洗，吊水罐很容易被困在井中，会有凶险。

【**注释**】①井卦为上坎下巽，坎为水，巽为木，有水凭借木器上行之象；然而卦名只说风，未说木，风入水下，为反常的怪象，喻指井中闹鬼之事。②(qì)：水涸。至：同“窒”，淤塞。③繘（jú）：同“矞”（yù），以锥穿物。繘井，即挖井，淘井。④羸：通“累”，缠绕，困住。

《彖》曰：**巽乎水而上水，井。井养而不穷也。改邑不改井，乃以刚中也。往来井，井汔至，亦未繘井，未有功也。羸其瓶，是以凶也。**

【**译文**】《彖传》说：下巽上坎，木桶入水，把水汲上来，就是井卦。井以水养人，经久不竭，这是井卦的品德。“改邑不改井”，因为泰卦初九与六五换位才成井卦，改变了坤邑，但是阳爻的数量没有少，只是初九来到了上卦的中位。“往来井，井汔至，亦未繘井”，是说长此以往水井将对人们失去功用。“羸其瓶”，生活用具被毁坏，因此导致凶险。

《象》曰：**木上有水，井。君子以劳民劝相。**

【译文】《象传》说：木桶被吊上来就有水，这是井卦的卦象。君子观此卦象，发扬汲水的精神，鼓励民众劳作并互相劝勉。

初六：井泥不食，旧井无禽。

《象》曰：**井泥不食，下也。旧井无禽，时舍也。**

【译文】初六：水井中淤满了泥，已不能供人饮用，只有水禽在里面洗泥土浴，过去井边是没有水禽的。

《象传》说："井泥不食"，因为初六卑下无能又无应爻。"旧井无禽"，说明水井现在被人们舍弃才有水禽（邪风）来浴泥。

【按语】初六处兑泽之下，为湖底淤泥之象，故言井泥不食。初六来自泰卦五爻，从尊位降到卑位，成为巽卦主爻，性格好动，无孔不入，不择手段；但被坎鬼、兑虎压制，不能伸展而作乱。因为井卦是从泰卦变来，泰卦上坤三爻断开，形同水井，初九与六五互换之后，下乾变成下巽，巽为禽，而在泰卦时是没有巽禽的，故言旧井无禽。

九二：井谷射鲋①。瓮敝漏②。

《象》曰：**井谷射鲋，无与也。**

【译文】九二：在井口张弓射击井中小鱼，没有射中鱼，反而射破了瓮瓶。

《象传》说："井谷射鲋"，因为九二与九五敌应，没有应援。

【注释】①鲋（fù）：鲫鱼、虾蟆。②敝：破损。

【按语】九二居巽卦中位，为邪风主力，困在井中不能伸展，故似鲋鱼乱蹦乱跳，扰乱人们打水而被箭射。坎为箭，巽为鱼，离为瓮，兑为毁折，九二居巽、兑之体，上承离和坎，

为箭射瓮破鱼漏出之象。喻示邪风无形，不会被箭伤。

九三：井渫不食[1]**，为我心恻**[2]**。可用汲，王明并受其福。**

《象》曰：**井渫不食，行恻也。求王明**[3]**，受福也**[4]。

【**译文**】九三：井水已被淘去污泥，因为未受到大家重视仍然没人来饮用，我心生伤感。等到井水被汲用，英明的君王和庶民可以一同得福受益。

《象传》说："井渫不食"，说明触景生情而伤感。"求王明"，说明找到英明的君主才能为民造福。

【**注释**】①渫（xiè）：淘去污泥。②恻：痛心，伤心。③求：寻找。④受：同"授"，给予。

【**按语**】九三为巽风上爻，阴气最小，与上六相应，并处互鼎卦之中，有革故鼎新的潜能；但是时运不佳，还处互睽之中，得不到大家的正视；只有努力与上面搞好关系，互成既济卦，水火交融，才能与大家一起受益。

六四：井甃[1]**，无咎。**

《象》曰：**井甃无咎，修井也。**

【**译文**】六四：用砖石垒筑井壁，可以免于咎害。

《象传》说："井甃无咎"，指勤修精治、防井污败才能免咎。

【**注释**】①甃（zhòu）：砌垒砖石。

【**按语**】六四位处井卦中间，下乘巽卦邪风，并居坎险之体，处境非常不利；必须联系上下互成离卦，因为离为砖，可以加固井壁；离又为火、为日、为光明，可以与邪风对抗。

九五：井洌寒泉食[1]。

《象》曰：**寒泉之食，中正也。**

【**译文**】九五：水洁泉寒，清凉可口，可以食用。

《象传》说："寒泉之食"，指九五内心纯正、不偏不倚、坚持正道。

【注释】①洌：清澈。

【按语】尽管九五处于坎险，但居中正之位，为坎险中阳爻，属小人中的君子。九五又处水火既济之中，喻指举行炼度施食可以驱散邪风。九五同时居坎、离之体，有水中映日之象，故言井洌。九五又为互睽上爻，火泽不交，上热下寒，故言寒泉。九五为坎水主爻，下乘兑口和巽木，喻指井水已被木桶汲出，可以饮用。

上六：井收勿幕[①]，有孚[②]，元吉。

《象》曰：元吉在上，大成也。

【译文】上六：汲水后不用盖上井盖，因为用木桶打水，就是对外实内虚之诚孚的应用，原本就是吉利的。

《象传》说："元吉在上"，因为上六处全卦顶端，阴柔得位，下应九三，控制了下面的巽卦，把巽风变成巽木，使驱邪之事大功告成。

【注释】①收：结束，又指捕获。幕：井盖，又指挡风屏幕。②有：掌握，应用。

【按语】上六下应九三，使巽卦之木往上生离卦之火，离卦之火又往上烧煮坎卦之水以成既济卦，为烹饪大成之吉。此时巽卦已成盛水之木器，不再需要用屏幕去挡巽风。相反，若挡住上六，坎水不能流出，上六就会变成上九，以致产生更大的邪风。

卦四十九　泽火革

革[1]，巳日乃孚[2]，元亨，利贞，悔亡。

【**译文**】革卦：祭祀天神之后实施变革，会获得大家的理解和信服，具备亨通的基础，利于坚守正道，最终走向成功，悔恨必将消失。

【**注释**】①革：卦名。《杂卦传》："革，去故也。"革卦为上兑下离，喻指用火烧煮静水，使水发生改变，即变革。②巳：同"祀"，祭祀。日：太阳，天神。孚：同"俘"，有收获和信任的意思。

《彖》曰：**革，水火相息[1]，二女同居，其志不相得，曰革。巳日乃孚，革而信之。文明以说，大亨以正，革而当，其悔乃亡。天地革而四时成。汤武革命，顺乎天而应乎人[2]。革之时大矣哉。**

【**译文**】《彖传》说：革卦为上兑下离，兑为泽，离为火，水火相聚则互相克制；兑为少女，离为中女，二女同居因志趣不投合而互相猜忌，都试图克制对方；这就是革卦的含义。"巳日乃孚"，因为推行变革必先取信于民。凭着文明的美德使民心愉悦，持守正固而前景大为亨通，这样变革就稳妥得当，一切悔恨都会消亡（因为改革的目的是使人类更加文明，生活更加幸福）。天地因变革而形成四季。成汤和武王的革命，顺乎天理又合乎民心。掌握依时变革的意义非常重大。

【注释】①息：同“熄”，克制，使停息。②应：符合，顺应。

《象》曰：**泽中有火，革。君子以治历明时。**

【译文】《象传》说：革卦为外泽内火、泽水之中大火燃烧之象。火可以将泽水烤干，泽水可以将火浇灭，形成水火相抑之势，彼此都可以发生变革。君子观此卦象，撰制历法，明确四时变革之规律。

初九：巩用黄牛之革[1]。

《象》曰：**巩用黄牛，不可以有为也。**

【译文】初九：用黄牛的皮革紧紧包裹住。

《象传》说：“巩用黄牛”，说明初九不会有大的作为。

【注释】①巩：紧固。革：去毛的兽皮。

【按语】初九虽然阳刚当位，胸怀大志，满腔热情，一心想实施变革，只因地位卑微，无人帮助，只能克制自己，顺从大势。初九不能只靠自己的力量，必须与六二、九三互成牝牛之离卦才能变革。

六二：巳日乃革之，征吉，无咎。

《象》曰：**巳日革之，行有嘉也。**

【译文】六二：祭祀天神之后就实施变革，往前进发必得吉祥，不会有咎害。

《象传》说：“巳日革之”，指先祭祀再行动会取得更好的效果。

【按语】六二同时处巽、离之体；巽卦为祭祀，“巽”字本义为在神前供献祭品；离卦为太阳；六二为巽、离两卦主爻，有祭日之象。离为火，巽为木，六二以离火烧巽木，乘火势上行与九五相应，可顺利革除泽水。

九三：征凶，贞厉。革言三就，有孚[1]。

《象》曰：革言三就，又何之矣[2]？

【译文】九三：急于征进有凶险，静守不动又危厉，对于变革的言论要谨慎对待，反复琢磨，设法获得大家的信任。

《象传》说："革言三就"，变革的言论已达成共识，被革的对象还能往哪里去？

【注释】①孚：信任；又通"俘"，收获。②之：往。

【按语】九三为多凶之爻，急进易被兑金毁折，不动又会被泽水浇灭，只有上顺天意、互成乾卦，下合民心、互成离卦，中遵皇命、互成巽卦，三方面合成，即三就，才会有收获。

九四：悔亡，有孚改命[1]，吉。

《象》曰：改命之吉，信志也[2]。

【译文】九四：滥用职权而悔，获得民众信任之后而悔亡，改变志向不再专权而得吉。

《象传》说："改命之吉"，是说变革思想已为人们所接受。

【注释】①改命：改变志向，不再专权。②信：同"伸"。信志，犹言抱负得以施展、如愿遂心。

【按语】九四是唯一不当位之爻，只有功成身退方可得吉。九四阳居阴位，为近君之臣，能力胜过职位，上孚九五、上六互成兑卦，使朝廷百官喜悦；下孚六二、九三互成巽卦，手捧圣旨代朝廷执行公务，使百姓敬畏；上下皆孚。若在功成名遂时思变，取兑毁之性，自变成阴，得既济烹饪喜庆之卦，自然吉祥。

九五：大人虎变，未占有孚。

《象》曰：大人虎变，其文炳也[1]。

【译文】九五：大人物像猛虎一样推行变革，不用占卜就能昭显精诚信实的美德。

《象传》说："大人虎变"，说明其人仪表威严，光彩照人。

【注释】①文：纹理、美德、礼节仪式、外表。炳：明亮、显著。

【按语】九五阳刚中正，为革卦的统帅，为兑虎的核心，下乘巽风，与六二相应而变。九五为上卦兑金代表，六二为下卦离火代表，金得火而成器，其德威自然昭彰。

上六：君子豹变，小人革面[1]**；征凶，居贞吉**。

《象》曰：君子豹变，其文蔚也[2]。**小人革面，顺以从君也**。

【译文】上六：位高容易被怀疑，不宜直接参与变革；君子则效仿山豹，藏于雾中而变；小人则像少女，被欣赏就喜形于色。此时若激进妄动必有凶险，静居守持正固才得吉祥。

《象传》说："君子豹变"，因为他的仪态隐隐约约显现在雾雨朦胧的树林中。"小人革面"，说明小人去恶从善，服从君上。

【注释】①革面：改变脸色。面，又指朝向；革面即改变方向、面朝君主。②蔚：草木茂盛；又同"微"，隐约。

【按语】上六处全卦最上，立于刀剑锋尖，最易被革，所以君子会取兑在天上可成云雾之性，下应九三而藏于巽木之中，以保其身。如果上六不设法自保而参与变革，不是自身被大家革掉，就会把变革活动带入混乱之中；因为上卦锐气过重，而下卦离火无质轻飘，容易使有五个爻当位的革卦颠覆成有五个爻不当位的鼎卦。

卦五十　火风鼎

鼎[1]**，元吉，亨**[2]。

【译文】鼎卦：原本就是吉利的，因为烹饪食物可用来祭祀。

【注释】①鼎：一、指烹饪器具，有化生为熟之功；二、指鼎有三足稳重的特点，为权力的象征。②亨：祭祀；甲骨文、金文字形像宗庙，本义为向神灵进献祭品。

《象》曰：**鼎，象也**。**以木巽火，亨饪也**[1]。**圣人亨，以享上帝**[2]**，而大亨以养圣贤**。**巽而耳目聪明**[3]**，柔进而上行**。**得中而应乎刚，是以元亨**。

【译文】《彖传》说：鼎卦的卦画形状像个大鼎。用木生火烧鼎就是烹饪食物。圣人用鼎烹饪食物来祭祀天帝，君王烹饪大量的食物来供养圣贤。鼎卦对应人事指为人谦逊则耳聪目明，柔顺而且不断上进。九二与六五居两卦中位又刚柔相应，所以一开始就亨通。

【注释】①亨：这里同“烹”。②享：祭祀。③上离为火喻目明，下巽为风传音喻耳聪。

《象》曰：**木上有火，鼎**。**君子以正位凝命**。

【译文】《象传》说：以木生火煮食物，就是鼎卦的卦象。君子观此卦象，就知道要端正自己的位置，凝聚精力以完成上天赋予的使命。

初六：鼎颠趾[1]，利出否[2]。得妾以其子，无咎。

《象》曰：**鼎颠趾，未悖也。利出否，以从贵也。**

【译文】初六：将鼎倾覆，鼎足向上，筮遇此爻利于泻恶纳新，如同无子而废正纳妾，因纳妾而得子，没有过咎。

《象传》说："鼎颠趾"，说明不是悖乱之举。"利出否"，因为倾倒废物后可以跟着装载贵重的东西。

【注释】①颠：倒。鼎颠趾：指鼎足向上。②出：清除。否（pǐ）：恶，不善之物。

【按语】因初六处下巽最底，巽为风，性易变，错变成震，震为足，为趾，震伏巽现，故言颠趾。初六以阴居阳，位置最低，犹如卑微的百姓，应该以续后为先。

九二：鼎有实[1]，我仇有疾，不我能即[2]。吉。

《象》曰：**鼎有实，慎所之也。我仇有疾，终无尤也。**

【译文】九二：鼎中装满食物，我的配偶身患传染之疾，不能来与我共食，是吉利的。

《象传》说："鼎有实"，指九二要谨慎前行。"我仇有疾"，说明我可以安享清福，终究不会有灾祸。

【注释】①实：实物，食物。②仇：匹配，配偶。即：靠近。不我能即，犹言不能即我，不能随我在一起。

【按语】二爻本为阴位，九二以阳居阴，又上行互成乾卦，乾为果实，故言鼎有实。九二虽与六五相应，然而双方都不当位，做事很难合理。六五是离卦的主爻，离为火、为漫延，以阴乘阳又不当位，喻指传染之疾；九二上承兑虎，被猛虎拦路，二、五不能相即；若即，九二就会被感染，难以完成烹饪的使命；故说不即方吉。

九三：鼎耳革[1]，其行塞[2]，雉膏不食，方雨亏悔，终吉。

《象》曰：鼎耳革，失其义也。

【译文】九三：鼎耳坏了，无法移动鼎器，煮好鸡肉也不能食用，多亏下雨使大家为避雨而团聚在一起，没有因为暂时不能聚餐而后悔，最终是吉利的。

《象传》说："鼎耳革"，说明鼎已失去了可以抬动的功用。

【注释】①革：被改变。②行：实施。行塞：实施不能进行。

【按语】九三为巽木最上爻，紧挨离火，最易被烧；并且九三以刚居阳，刚实不能虚中，致使鼎耳中空处被塞，无法抬移鼎器；九三又与上九敌应，故言其行塞。离、巽皆为雉鸡，雉入鼎则烹为雉膏，然鼎不得行；故雉膏虽美，人不得而食之。九三虽是唯一当位爻，却无应爻；幸亏九三耳聪目明能思变，和光同尘而无悔，联系九四、六五互成泽雨而得喜悦，联系初六、九二互成巽命而得威信，故终吉。

九四：鼎折足，覆公餗[1]，其形渥[2]，凶。

《象》曰：覆公餗，信如何也。

【译文】九四：犹如鼎不堪重负而折断鼎足，又设法隐藏三公的食禄，被太子用绳索捆绑以行刑，样子狼狈、龌龊，非常凶险。

《象传》说："覆公餗"，这样的人怎么值得信任呢？

【注释】①折：断。覆：隐藏。餗（sù）：事先按一定规格束好的食物，也指俸禄。②形：通"刑"，受刑的样子。渥：沾湿，又指龌龊。

【按语】九四上承六五，下应初六，任务过重，又为阳居阴位，处兑（毁折）中爻，使震足被折。九四为了与初爻相应而覆压三爻，然三爻阳刚得位，耳聪目明，利用巽女的诱惑，将九四绳之以法。

六五：鼎黄耳、金铉[1]。**利贞**。

《**象**》**曰：鼎黄耳，中以为实也**。

【译文】六五：华丽的鼎耳，下面挂着黄金做的吊环，说明主人家富有，但是鼎的实用价值不能离开三足的支撑，持守贞正才会有利。

《象传》说：“鼎黄耳”，因为六五能力不胜治国，造成全国混乱，只能像鼎铉一样求实而虚中。

【注释】①铉：鼎耳上的吊环，可用来穿鼎扛抬移鼎器。

【按语】六五爻象似两个鼎耳，下乘乾卦为金环。六五为柔弱的君主，是全局混乱的原因，好在有优秀的太子前来穿铉移鼎，用巽风吹离火，将兑金炼成金铉，可使皇位的继承顺利进行。

上九：鼎玉铉，大吉，无不利。

《**象**》**曰：玉铉在上，刚柔节也**。

【译文】上九：在鼎耳的吊环上镶着宝玉，将鼎当作祭祀的礼器，大为吉祥，无所不利。

《象传》说：“玉铉在上”，表明上九处鼎卦最上，能够使刚柔相互调节。

【按语】上九以阳居阴位，能力胜过职位，但不居功自傲；因为离为太阳，上九居太阳最上，已无处可升，只能向下与六五比应。六五挂着金铉，金象征刚强、永恒不变，而玉象征温润、光而不耀，以玉镶金则刚柔相济。上九处全卦最上，又心地明亮，俯看全局，故又效仿离卦外表刚强内心柔顺、母牛般的特性，与下面巽卦相得益彰。巽为风，离为火，

风吹火旺，火旺生风；食出鼎以养贤，贤多又使烹丰；故言大吉。爻辞又蕴含祭祀时天上出现了玉铉般太阳之义。因为上六处鼎卦最上，为食物烹成、出鼎祭天之爻；上离为太阳，下巽为云雾，太阳在云雾之上，其光被遮挡而显玉铉，有祭祀时见太阳慢慢露出云层之象；正好与三爻“遇雨”照应。

卦五十一　震为雷

震[1]，亨，震来虩虩[2]，笑言哑哑[3]；震惊百里，不丧匕鬯[4]。

【译文】震卦：在打雷时祭拜雷神，有的人刚开始有说有笑，听到巨雷轰鸣就吓得张口结舌，仓皇逃命；有的人在震惊百里的雷声中从容祭祀，用勺斟酒，连一滴酒都没有洒出来。

【注释】①震：卦名，上下卦均为震（☳），由临卦（大震象）变化而来。②亨：同“享”，祭祀。虩（xì）：蝇虎，又称跳蛛，是一种善于捕杀害虫的蝇类动物，喜阳光，在白天活动，碰到危险时就吐丝，随即顺丝而逃。虩虩：形容在大难来临的时候各自逃命。③笑言哑哑：由“有说有笑”的状态变成了因震惊而“哑口无言”的状态。④匕：勺子。鬯（chàng）：祭祀用的香酒，用黑黍与香草酿成。盛鬯酒的器皿也叫鬯。

【按语】震卦变自临卦，在卦变时，临卦九二上升变成震卦九四；九四同时为艮、坎、震三卦主爻；艮为门阙，有宗庙之义；坎为酒水，为鬯；震为苍筤竹，为勺匙，为长子；上下皆震，喻示长子可以担当宗庙主祀者，接受“不丧匕鬯”的祭祀重任。

《彖》曰：震，亨。震来虩虩，恐致福也[1]。笑言哑哑，后有则也。震惊百里，惊远而惧迩也。不丧匕鬯，出可以守

宗庙社稷，以为祭主也。

【**译文**】《彖传》说：震卦就是在雷雨灾难来临时祭拜雷神。“震来虩虩”，是因为惧怕才供献祭品。“笑言哑哑”，是说震惊后才遵守法则。“震惊百里”，说明百里之内，远近皆恐惧。“不丧匕鬯”，这样的人可以委以重任，用来保宗庙、守社稷、担当祭祀的主持。

【**注释**】①致：献纳。福：祭祀用的酒肉，甲骨文字形是双手捧着一个大酒坛在祭台前求神的样子。

《象》曰：**洊雷**[1]**，震**。**君子以恐惧修省**。

【**译文**】《象传》说：上下卦都为震，震为雷，巨雷连击，是震卦的卦象。君子观此卦象，因而恐惧天威，不断自省，提高自身修养。

【**注释**】①洊（jiàn）：同“荐”，意为屡次、接连，又有祭献的意思。

初九：震来虩虩，后[1]**，笑言哑哑，吉**。

《象》曰：**震来虩虩，恐致福也**。**后笑哑哑，后有则也**。

【**译文**】初九：在巨雷滚滚而来时吓得像蝇虎一样各自逃命，因逃跑时被绊住，只好回来默默遵守祭祀的规矩，从而得吉。

《象传》说：“震来虩虩”，是因为惧怕才供献祭品。“笑言哑哑”，是说震惊后没有逃掉才遵守法则。

【**注释**】①后：逃跑时被绊住；繁体字为“後”，表示脚被绳拴住，走不快，落在后面；其中“彳”部表示行走缓慢，“幺”部为丝束的绳，“夂”部是“足”的反写。

【**按语**】震卦从临卦变来，由一个大震变成两个小震，中间三、四、五爻皆不当位，并互成坎险，为天上地下巨雷滚滚，人间洪水泛滥之象。初九地位卑微，却为下震主爻，震为足、主动，犹如日出而作、日落而息的蝇虎和庶民，在大难来临之时只能各自逃命；因为上承艮山而被阻，故有逃跑被绊之象。卦变前初九处兑体，卦变后处震体，兑变震的过程，也就是嬉笑打闹变成默默严肃的成长过程。震卦又为长子，为祭祀的主持，在临卦变震卦的过程中，初九未变，阳刚得位，能持守原则，故能在经历变故之后明白法则而得吉。

六二：震来厉，亿丧贝[①]，跻于九陵[②]。“勿逐[③]，七日得。”

《象》曰：震来厉，乘刚也。

【译文】六二：在雷电交加十分危险时，为了安置惊慌之中的百姓，失去了很多钱币，为此登上朝廷汇报。朝廷答复：“不用着急，七日内可得补偿。”

《象传》说：“震来厉”，因为六二凌驾在刚强的初九之上。

【注释】①亿：安置。贝：贝壳，古人以贝为货币，这里指俸禄。②跻：登也。九陵：朝廷；九为天子之所，朝有九重，阙有九棘，宫阙为九陵之象。③逐：逐急，立即采取行动。

【按语】六二来自临卦六四，四位是近君之位，而二位是地方小吏之所，故临卦六四变成震卦六二，有损失俸禄之象。六二与六三、九四互成艮卦，艮为门、宫阙，故言跻于九陵。震是小复卦，取其卦辞“七日来复”，喻指地方官可以先撒钱赈灾，再纳税养国。

六三：震苏苏[①]，震行，无眚。

《象》曰：震苏苏，位不当也。

【译文】六三：在巨雷滚滚而来时伤心流泪，惧而慎行，

只求安身保命，不会因过失造成灾祸。

《象传》说：“震苏苏”，因为六三阴爻居阳位，犹如德不配位的公侯。

【注释】①苏苏：同“簌簌”，眼泪纷纷落下的样子。

【按语】六三虽阴居阳位，但在临卦（大震）分变成两个震卦的过程中一直明哲保身，没有参与其中的纷争，在临卦中是阴爻，变成震卦还是阴爻。六三处坎下爻为落泪之象，又为灾眚之兆；然而六三又为艮卦（宫阙）中爻，处互卦水雷屯（利建侯）之中，在震卦（生发）上爻，只要能与上下搞好关系，迁就大家，就能得平安。

九四：震遂泥[①]。

《**象**》**曰：震遂泥，未光也**。

【**译文**】九四：巨雷隆隆，吓得坠入泥中。

《象传》说：“震遂泥”，说明其人胆量太小，自己的本能没法如愿发挥。

【注释】①遂：同“坠”，坠落，掉进。

【按语】九四来自临卦的九二，本以为职位提升后可以充分发挥自己的才能，谁料，到了震卦却陷入四阴当中，难以完成继承祖业、不断祭祀而“不丧匕鬯”的重任。

六五：震往来厉，亿无丧[①]**，有事**[②]。

《**象**》**曰：震往来厉，危行也。其事在中，大无丧也**。

【**译文**】六五：在雷雨灾难来临、全国一片混乱时，无论上往下行都很艰难；六五没有损失任何东西就使大局安定下来，是因为及时举行了祭祀仪式。

《象传》说：“震往来厉”，说明在混乱时的行动是很危险的。只因六五柔居尊位，及时举行祭祀典礼，其事合符道义，所以没有大的损失。

【注释】①亿：安定。②事：祭祀。古代国之大事在祀与戎；春秋时凡祭祀皆曰有事。

【按语】六五在临卦（大震）变震卦的过程中守柔未变，但之前与之相应的九二变成了九四，把自己带进了坎险；坎体三个爻都不当位，居全卦的中间，为世上一片混乱之象；并且六五居坎险乘艮阻，又与上六相敌，故上下往来艰难。好在六五为上震中爻，震为长子，为祭祀之主，五爻为宗庙社稷之主，故六五秉持天道祭祀天神，上顺天意下合民心，故无损失。

上六：震索索，视矍矍[①]，征凶[②]。震不于其躬，于其邻，无咎。婚媾有言。

《象》曰：**震索索，中未得也。虽凶无咎，畏邻戒也。**

【译文】上六：雷电交加的震难之时，上六漠不关心，冷眼旁观，因为参与处理会带来灾难。处理震难的责任不在他身上，而是在邻人六五的身上，他是不会有什么咎害的。这个时候若谈婚论嫁会变成大家的热点话题。

《象传》说："震索索"，上六离群索居是因为自己在震变的过程中未曾改变，没有获得中位。虽然凶险但最终没有咎害，是因为通过邻人的遭遇学会了警戒。

【注释】①索：独自，孤单。矍（jué）：目不正。②征：行动，向前进发。凶：危险。

【按语】上六阴柔得位，为宗庙爻，本不应动，故离群索居而无咎。上六变阳才会出现离目之卦，离目未现为冷眼旁观之象，故言视矍矍。因为雷是阴阳二气相互交媾的结果，而上六处震雷之极，为雷鸣的外部特征，属远扬之雷声，故言婚媾有言。

卦五十二　艮为山

艮①，艮其背②，不获其身③；行其庭不见其人，无咎。

【译文】艮卦：止住他的背，不获他的身体；如果行走在庭院里看不见他的人，就不会有咎害。

【注释】①艮：卦名，上、下卦均为艮（☶）；学界认为此字被作者省略，可据文义补。艮（☶）为山，为止，于人体为手。两艮相叠，喻指静止、稳重、坚实、敦厚，因为两座山不可能合并成一座山。②艮其背：止住两阴爻上的阳爻；艮（☶）为二阴承一阳，爻形如同伏卧的人身，其阳爻恰似人的背脊。③获：与“惑”同音，蕴含被俘获、被迷惑之义。不获其身：从反面指出，咎害依身而存、身与心互依、目与心相通、背与心相对，如果不能“艮其背”而是“获其身”“见其人”的话，那么就会产生咎害。

《象》曰：**艮，止也。时止则止，时行则行，动静不失其时，其道光明。艮其止，止其所也。上下敌应，不相与也。是以不获其身，行其庭，不见其人，无咎也。**

【译文】《象传》说：艮就是停止，该停止的时候就停止，该前进的时候就前进，只要动静恰到好处，艮止的道理就会大放光明。艮卦中止的大义是要止于所当止的场合；其无咎的主要原因是卦体上下位置相当的两爻都是敌应，互不往来；所以卦辞说“不获其身，行其庭，不见其人”，说明行走在庭院里不因身而惑，就不会有咎害。

《象》曰：兼山，艮；君子以思不出其位。

【译文】《象传》说：两山并峙、山外立山就是艮卦，君子应该通过观艮卦之象而自我抑止邪念，思考问题不逾越自己的本位。

初六：艮其趾，无咎，利永贞。

《象》曰：艮其趾，未失正也。

【译文】初六：抑制脚趾的妄动，不会有咎害，坚守正贞可获利。

《象传》说："艮其趾"，说明初六没有迷失自己的正道。

【按语】初六地位卑微，失位无能，又无应爻，出门就受阻于山，于是利用山险的保护，持守正固而得吉利。初六如同卑微的底层百姓，只求温饱，统治者若想抑制其邪欲妄念如同止住自身脚趾一样容易，此时应当持守正贞，不妄求。

六二：艮其腓①，不拯其随②，其心不快。

《象》曰：不拯其随，未退听也。

【译文】六二：抑制小腿肚的行动，不能随自己的心愿任意进退，心里很不高兴。

《象传》说："不拯其随"，说明六二不能随自己心愿往后退，只能听从命令。

【注释】①腓：小腿肚。②拯：向上举，拯救，这里指改变。随：跟随。

【按语】六二好似恪尽职守的地方官，困于深山之中，无法向天子反映民情，其行动如同人之腓（小腿）不能自主，心里自然不高兴。六二虽困于艮山之中，处于坎险之下，由于阴柔中正，虽身处江湖之远，却一直忧国忧君。

九三：艮其限[1]**，列其夤**[2]**，厉薰心。**

《象》曰：艮其限，危薰心也。

【译文】九三：抑制腰部的活动，裂开了腰膂，危厉的处境如同烈火熏灼其心。

《象传》说："艮其限"，说明其身陷入危险而心忧如焚。

【注释】①限：要（腰）也。②列：同"裂"，裂开。夤（yín）：即膂（lǚ），背脊肉。

【按语】九三的行动如同人身的腰部一样重要，处于上下内外之界限，不动则上下内外不通，过动易伤腰膂；既需自强不息，又应行止适度，处境犹被烈火熏心。九三是唯一当位阳爻，却身陷四阴，处坎险、心病之中，犹如优秀的太子不喜欢群臣的奉承。九三与上九敌应，六五天子又过于柔弱，难以协助自己顺利继承帝位，此时的行动关系着全局的成败。九三同时处艮、坎、震之体，艮为止，坎为隐，震为动，说明只有在韬光养晦的同时，把握时机、依时而动，方可遂心愿。

六四：艮其身，无咎。

《象》曰：艮其身，止诸躬也[1]**。**

【译文】六四：管控双手和身体，不随意妄为，不会有咎害。

《象传》说："艮其身"，说明六四需要自我抑止安守本位。

【注释】①诸：之于。躬：自身，本位。

【按语】六四虽然阴柔得位，但上下无应，处上卦艮山最下，立于下卦艮山之上，又为互卦坎险之体，只有顺从九三与六五，互成震卦，不主动妄为，谨小慎微，顺时而行，才不会有咎害。

六五：艮其辅[1]，言有序，悔亡。

《象》曰：艮其辅，以中正也。

【译文】六五：管好自己的嘴巴，控制好自己的言令，就不会产生悔恨。

《象传》说："艮其辅"，说明六五阴居阳位，如同柔弱的天子没有安邦治国的实力，必须谨遵中正之道。

【注释】①辅：面颊，嘴巴。

【按语】六五处君主之位，因为自身阴柔又无应爻，只能以言治国，发号旨令，委派六四去执行，所以六四需要艮其身，而六五只需要艮其言。

上九：敦艮[1]，吉。

《象》曰：敦艮之吉，以厚终也。

【译文】上九：如同土堆一样敦厚而低调，自我静止而获吉利。

《象传》说："敦艮之吉"，说明上九能将敦厚的品德保持至终。

【注释】①敦：同"墩"，为土堆、敦厚之义；又与"遁""钝"谐音，蕴含隐遁、忘我之义。

【按语】上九为阳爻居阴位，居两山之巅，如同精力旺盛、本能超群的人提前退居二线，在处理本职事务时总会感到游刃有余，而他又时刻保持低调，安坐顶峰岿然不动，以敦厚笃实自我静止，其结局自然吉无不利。上爻对应人身体的头部，头为思想与行动的总指挥，若能艮止住人的头部，达到忘我无身的境界，就会如同坚实磅礴的大山一样长久吉利，这也就是卦辞里"艮其背，不获其身"的境界。

卦五十三　风山渐

渐[1]，女归吉[2]。利贞。

【译文】渐卦：女大当嫁，这是好事。坚守贞正、循礼渐行可获利。

【注释】①渐：卦名；渐卦为艮下巽上，艮为山、为止，巽为风、为鸟，有山上之鸟乘风渐高之象。②归：古代以女子出嫁为归。

《彖》：**渐之进也。女归吉也。进得位，往有功也。进以正，可以正邦也。其位，刚得中也，止而巽，动不穷也。**

【译文】《彖传》说：渐，就是渐进可得正位的意思。渐卦初爻为阴，进而升为第二爻、第四爻，皆为阴爻居阴位，这种卦象显示，女子出嫁，只要稳妥有序，循序渐进，就可得主妇之位，从而为家庭创造业绩。推而广之，君王依循正道渐进，可以安邦治国。渐卦的九五爻阳刚居中位，内艮止、外巽逊，说明内心稳重却外表谦逊的人动力不会穷尽。

《象》曰：**山上有木，渐。君子以居贤德善俗。**

【译文】《象传》说：木植山上，逐渐长高，是渐卦的卦象。君子观此卦象，取法于山之育林，从而不断纳贤积德，担负起改善风俗的社会责任。

初六：鸿渐于干[1]，小子厉，有言，无咎。

《象》曰：**小子之厉，义无咎也。**

【译文】初六：鸿雁缓缓落在山下涧旁的干地上，犹如年幼的小孩欲远行，虽在抱怨走不动，但还不会有危险。

《象传》说："小子之厉"，因为渐进不躁，理应不会出事故。

【注释】①鸿：水鸟。干：水边干地。

【按语】渐卦来自否卦，否卦的六三上升到四位就变为渐卦，在卦变的过程中，初爻虽没变，却离开了坤母来到艮山之下，犹如离巢的小幼雁。初六居艮山最下，上承坎水，有处水边干地之象。因为距离巽风很远，还不会有咎害。

六二：鸿渐于磐，饮食衎衎[1]。**吉**。

《象》**曰：饮食衎衎，不素饱也**。

【译文】六二：鸿雁缓缓落在山中大石上，怡然饮水吃鱼，徘徊试飞，吉祥之兆。

《象传》说："饮食衎衎"，说明六二开始自食其力，不愿白吃白喝。

【注释】①磐（pán）：纡回层叠的山石。衎（kàn）：和适自得的样子。

【按语】六二已从山下飞到山中的磐石上，柔顺而中正，落在艮卦之中、坎卦之旁，艮为石，坎为饮食，处巽雁下面，有幼雁在山涧觅得食物之象。六二与九五阴阳正应，如同恪尽职守，效忠朝廷的地方官，自然不会素饱。

九三：鸿渐于陆，夫征不复，妇孕不育，凶。利御寇。

《象》**曰：夫征不复，离群丑也**[1]。**妇孕不育，失其道也。利御寇，顺相保也**。

【译文】九三：鸿雁渐渐飞到水中孤岛的山坡上，此时男子出征就不得复还，孕妇怀上了孩子也不能生养，占得此

爻会有凶。此时只利于抵御匪寇。

《象传》说："夫征不复"，说明出征不能返回，已经掉队遇险。"妇孕不育"，说明失其保胎之道。"利御寇"，说明同心同德能够保家卫国。

【注释】①丑：同类。

【按语】九三前往出征就会与六四相应，六四在上巽之中，巽为木、为舟、为长女，九三为坎卦主爻，坎为水、为中男，男女相应犹如舟顺风而流，一去不返。渐卦从否卦而来，在卦变的过程中，三、四两爻换位后互成离卦（大腹），而六四为巽卦主爻，巽为无根不果之树，并且，九三又在内互未济卦之中，故有不育之象。九三被两阴包围，成孤岛、成坎水、为匪寇，上承巽风，喻指远行不返。如果九三只与上面互成离卦（甲胄），就可抵御匪寇，故言利御寇。

六四：鸿渐于木，或得其桷[1]，无咎。

《象》曰：或得其桷，顺以巽也。

【译文】六四：鸿雁渐渐飞到树木上，有的在横着的树枝上歇息，不会有咎害。

《象传》说："或得其桷"，因为六四来自否卦的六三，从不当位到当位，从坤顺来到巽逊，更加柔顺、谦逊。

【注释】①桷（jué）：房屋顶上承瓦的木条，圆的叫椽（chuán），方的叫桷，这里指横着的树枝。

【按语】六四与初六敌应，下乘艮卦；艮为少男，而少男未冠、不懂应和；艮又为狗，有撕咬六四的可能；幸好六四有巽卦大树庇护，上承九五天子，故无咎。

九五：鸿渐于陵，妇三岁不孕，终莫之胜，吉。

《象》曰：终莫之胜吉，得所愿也。

【译文】九五：鸿雁缓缓飞到山陵上，此时的妇女三年不能怀孕，但终究不会被别人取代，吉利。

《象传》说："终莫之胜吉"，说明夫妻能够实现白头偕老的愿望。

【按语】九五为巽卦中爻，巽为鸿，下乘艮山，为鸿立于陵之象。九五虽与六二正应，却在内互未济卦之内，艮又为阻碍、为少男，无生育之功；二、五两爻隔着艮山、坎水、离火，重重阻碍，很难接近，故言三岁不孕。九五因为不能与六二相应，就会下行与六四比应；六四在离火之中，最终敌不过六二所处的坎水，无法取代六二的正应位置；二、五两爻终成眷属，故言终莫之胜而得吉。

上九：鸿渐于陆[1]，其羽可用为仪[2]，吉。

《象》曰：其羽可用为仪，吉，不可乱也。

【译文】上九：鸿雁渐渐飞离山陵，因为它不会另寻新欢，所以它的羽毛被人们用在礼仪中当作自我要求的准则，这是吉祥的。

《象传》说："其羽可用为仪吉"，说明女归后的礼仪应该像忠贞的大雁一样不可淆乱。

【注释】①陆：通"路"，此处指云路、天路。②仪：繁体字为"儀"，指对自我完善的准则。

【按语】上九阳居阴位，处巽风最上，下无应爻牵系，最易飞向天空。上九又下乘山上之离火，火遇巽木而旺，火旺而生风，风大而助火；在风火互生的形势下，上九只能单独飞离山陵，冲入云路，展示自己美丽羽毛的光彩。

卦五十四　雷泽归妹

归妹[1]，征凶[2]，无攸利。

【译文】归妹卦：妹妹嫁了之后，如果在婆家争强好胜会有凶险，没有一点好处。

【注释】①归：出嫁。妹：少女的总称。②征：争夺。

【按语】归妹为上震下兑，震为长男在外，兑为少女在内，此卦变自泽雷随卦，随卦为外兑内震，兑震换位才使少女返回家中，故名归妹。征凶，说明两女共侍一夫或两男共侍一主时，如果争宠，必定有凶。

《彖》曰：**归妹，天地之大义也。天地不交，而万物不兴。归妹，人之终始也。说以动，所归妹也。征凶，位不当也。无攸利，柔乘刚也。**

【译文】《彖传》说：归妹，即男女婚配，这是天地间大义的体现。天地不相交，则万物无法生长。男女婚配，是人类自身繁衍追求美好目标的开始。下卦为兑，兑为悦；上卦为震，震为动，男因女而感动，女因男而喜悦，于是嫁女以成婚。卦辞说“征凶”，因为二至五爻皆不当位。“无攸利”，因为归妹卦是由随卦的五、二爻换位变成，九五变成了六五，六二变成了九二，妹妹凌驾于姐姐之上，自然无所利。

《象》曰：**泽上有雷，归妹。君子以永终知敝。**

【译文】《象传》说：下为兑泽，上为震雷，泽上雷鸣，雷鸣水动，犹如男女心动相爱而成眷属，即归妹卦象。君子观此卦象，从而体悟到知敝守柔是婚姻生活长期和谐的前提。

初九：归妹以娣[1]，跛能履，征吉。

《象》曰：归妹以娣，以恒也。跛能履，吉，相承也[2]。

【译文】初九：聪明的妹妹随同姐姐一起出嫁作为侧室，犹如走路崴了脚，主动前往可获吉利。

《象传》说："归妹以娣"，嫁女时将其妹妹一同陪嫁，是古代贵族婚嫁中为了可持续发展的常规。"跛能履，吉"，因为委屈随嫁可以帮助姐姐和夫君。

【注释】①娣（dì）：女弟，俗称妹妹。先秦姐妹共嫁一夫，幼为娣，长为姒（sì）。②承：帮助。

【按语】初九阳刚当位，但地位卑微，上无应爻，为下兑中唯一当位爻，兑为斧钺、兵器，初九为手持兵器的冲锋兵，只有听从命令往前冲才能获悦得吉。归妹卦从随卦而来，随卦九五来到二爻后，变成兑毁而伤震足，而在卦变过程中初九自身并未受伤，故言跛能履。

九二：眇能视[1]，利幽人之贞[2]。

《象》曰：利幽人之贞，未变常也。

【译文】九二：妹妹跟随姐姐一起出嫁，犹如只能用一只眼睛看东西；做一个安处幽静暗室、看破不说破的人，能够平安无事。

《象传》说："利幽人之贞"，因为归妹卦是变自随卦，在卦变中九五变成九二，二爻属于阴位，变成阳爻不符常规。

【注释】①眇（miǎo）：本义为少了一只眼，引申为眼睛失明。眇能视：指睁一眼闭一眼，看破不说破。②幽：光

线昏暗。幽人：幽居之人，后来代指隐士。贞：持守忠贞。

【按语】九二属阳居阴位，能力大于职位，很容易冲动而做事过头，虽然可与六五相应却被坎险阻止。只要越出六三，与上面互成离火，就会被坎水浇灭。若安居阴位不动，静处互睽卦之中，睁一只眼、闭一只眼，上面阴爻六三自然会下来相应，下面初九也会上来与之比助，三爻团结可安享兑卦之喜悦。

六三：归妹以须[①]，反归以娣[②]。

《象》曰：归妹以须，未当也[③]。

【译文】六三：妹妹在出嫁前已有自己的心仪对象，后来不得已违背自己的心愿，做了姐姐的陪嫁。

《象》曰："归妹以须"，说明这样的事是行不通的。

【注释】①须：既有期待、停留之义，又有胡须、修饰之义；六三处离卦之中，上承震卦，有闪电饰雷之象，故言以须；其取象与贲卦六二爻"贲其须"相同。②反：违背。③当：相称，匹配。

【按语】六三在随到归妹的卦变过程中，自身没有发生改变，但是环境发生了很大的变化，从阳刚的震卦变成了随顺的兑卦。本来在随卦中六三可以往上互成柔顺的巽卦，到了归妹卦中，九四已成为上震的主爻，只会往上进取，不会下应六三；并且此时的六三若再往上就会互成凶险的坎卦；所以六三不得已下行与九二呼应，展现兑卦的特性，以尽少女妹妹的责任，故言反归以娣。

九四：归妹愆期[①]，迟归有时[②]。

《象》曰：愆期之志，有待而行也[③]。

【译文】九四：妹妹的出嫁超过了婚龄，迟迟未嫁是因为在暗中窥伺。

《象传》说："愆期之志"，说明她为了防备而犹豫不决。

【注释】①愆（qiān）：超过，延误。②时：通"伺"，伺机。③待：防备。

【按语】九四为近君之位，以阳居之，其好强之性格犹如女汉子。在随卦变归妹的过程中，九四一直保持阳性，为倔强不屈的表现；变成归妹卦后，九四虽然自身没变，但被陷入三阴爻当中，一时不知如何选择自己的配偶，因为犹豫不决而耽误了最佳的婚期。九四为震卦的主爻，震卦因下卦兑悦而动，九四最终只得顺震动之大势与六五比应。

六五：帝乙归妹[1]，其君之袂不如其娣之袂良[2]，月几望[3]，吉。

《象》曰：帝乙归妹，不如其娣之袂良也。其位在中，以贵行也。

【译文】六五：帝乙下嫁御妹的时候，大妹妹的才气逊色于小妹妹，为了使妹妹们的婚姻一直和谐吉祥，必须设法让小妹妹安守本分，一直保持十五之前的月亮那种亮而不圆的风度。

《象传》说："帝乙归妹，不如其娣之袂良也"，因为归妹卦只有九二爻与六五爻相应，并且两爻都处于尊贵的中位。

【注释】①帝乙：殷帝，名乙。②袂（mèi）：衣袖，袖口；衤部指衣袖，夬部指水冲破河堤流出，"衤""夬"组合表示人的手穿过衣袖而伸出；这里代指才气。③望：每月阴历十五日为望。几：接近。

【按语】五爻为全卦的首领，六五以阴居阳，处互坎上爻，坎为月，有月几望之象。归妹卦变自随卦，在随卦中代

表妹妹的兑卦在外面，卦变后兑成了内卦，故名归妹。在卦变之前，二、五两爻都是当位的，为姐姐胜过妹妹之象。卦变后，二、五两爻虽相应，却颠倒了阴阳，为妹妹胜过姐姐之象。六五又为震卦中爻，震为长男，是下嫁妹妹的主持人，为了让妹妹们幸福永终，故设法使小妹妹知敝守柔，让三爻都不当位的离卦中女居兑卦少女之上。

上六：女承筐①，无实；士刲羊②，无血；无攸利。

《象》曰：上六无实，承虚筐也。

【译文】上六：在宗庙里举行婚礼仪式，献祭之时，新娘捧着盛祭品的筐具，但筐中没有祭品；新郎以刀宰羊，也没有进行下去，未见羊流血；此为不祥之兆，没有一点利可得。

《象传》说："上六无实"，因为上六之爻虽当位却无应爻，正如捧着空空的筐具。

【注释】①承：捧。②士：男未娶称士。刲（kuī）：宰割。

【按语】上六为宗庙爻，当位无应，犹同年老的祖父成天唠叨礼节与道义的重要性，晚辈却没一个听的，无异徒劳之虚筐。上六在卦变前处兑卦上爻、主位，为少女特征最显著之爻，卦变后成为震卦仰筐之象，故言女承筐。因为上六下无应爻，孤阴不生，为无实之象。卦变之后，上六成了震卦上爻，震为长男、为士，本可以与下面兑卦少女交际，由于九四与九二中间互成离火卦，火性上炎，加之震卦本有向上进取之性，致使九四弃六三而应六五，六五与六三之间的互坎卦不能发生作用，所以刲羊不成，无血流出。无祭品，无羊血，婚礼没法继续，致使一切徒劳，没有一点利益。

卦五十五　雷火丰

丰[1]，亨[2]，王假之[3]，勿忧，宜日中。

【译文】丰卦：用丰盛的祭品举行祭祀，君王将亲临宗庙；不用担忧，应该像太阳居中天一样保持充盈的光辉。

【注释】①丰：卦名，繁体字为“豐”，丰盈硕大之义。上震下离，离为大腹之器，震为蕃鲜、丰盛的祭品，而丰卦爻形又似“豆”字，故丰卦有祭器中盛满丰盛的祭品之象。②亨：同“享”，祭祀。③假：至，到；又有凭借之义，天子借助祭祀天地神明的特权，以达到王天下的目的，故言假。之：指祭祀的地方。

《彖》曰：丰，大也。明以动，故丰。王假之，尚大也[1]。勿忧，宜日中，宜照天下也。日中则昃，月盈则食。天地盈虚，与时消息，而况于人乎？况于鬼神乎？

【译文】《彖传》说：丰卦，就是指丰大。上为震雷，下为离明，巨雷行动时光满天地，喻示依理而行、成就必丰大。“王假之”，说明对祭祀大事的重视。“勿忧，宜日中”，是说在中午太阳当头时，应当将充盈的光辉普照天下，因为中午之后太阳就会偏西，月亮圆满之后就会逐渐亏缺。天地间万事万物不可能久盈不虚，一切都随着时序而消长。何况是人呢？何况是鬼神呢？

【注释】①尚：尊尚，重视。大：大事，这里指祭祀。

《象》曰：**雷电皆至，丰。君子以折狱致刑**[1]。

【译文】《象传》说：电闪雷鸣同时到来，声势不断丰大，是上天垂示的天象。雷电再威猛也不如天地，天收其声，地藏其热，唯人会因之目眩耳聋。君子因观听电闪雷鸣而对天地产生敬畏，从而公正裁断讼狱，适当施行刑罚。

【注释】①折：判断，裁决。致：施行。

初九：遇其配主[1]**，虽旬无咎**[2]。**往有尚**[3]。

《象》曰：**虽旬无咎，过旬灾也**。

【译文】初九：遇到被分配来的主人，虽然主人是被贬安置在这里的，但是不会有咎害，和他交往可以实现自己的愿望。

《象传》说："虽旬无咎"，意思是六二被贬并不是因为自己的过错，只是运势的周转轮到自己的灾难。

【注释】①配：发配。②旬：回环周遍。③尚：志向，愿望。

【按语】初九阳刚当位，与九四敌应，而与六二比应，能够得到六二的赏识。丰卦是从泰卦变化而来，六二来自泰卦的六四，位置的下降如同宰相被贬为地方官，但对初九来说，只要能与六二应和就可以实现自己的愿望。

六二：丰其蔀[1]**，日中见斗**[2]**；往得疑疾**[3]**，有孚发若**[4]**；吉**。

《象》曰：**有孚发若，信以发志也**。

【译文】六二：被遮蔽的范围在丰大，好似白天日食时只能见星斗，前往时被人怀疑犯了错误，但是信任会重新生发，吉祥。

《象传》说："有孚发若"，因为六二可以通过诚信来发展自己的志向。

【注释】①蔀（bù）：覆盖，遮蔽光线的东西；本义为覆盖于棚架上以遮蔽阳光的草席。②斗：北斗星，震卦为斗。③疾：缺点，毛病。④若：样子，表示事物的状态。

【按语】六二来自泰卦的六四，九四来自泰卦的九二，两爻对换后，九四成了上震的主爻，遮蔽了下卦离日，震为北斗，故有日中见斗之象。四爻为宰相爻，二爻为地方官爻，泰卦变丰卦，如同宰相被贬为地方官，大家会怀疑宰相犯了错误。然而六二虽然地位不高，却位置中正，故能重新获得大家的信任，结果是吉祥的。

九三：丰其沛[①]，日中见沫[②]。折其右肱[③]，无咎。

《象》曰：丰其沛，不可大事也。折其右肱，终不可用也。

【译文】九三：遮挡太阳的旌旗被丰大，正午时分能够看见鬼魅，折断了右臂，不会有咎害。

《象传》说："丰其沛"，说明在遮天蔽日之时不可做大事。"折其右肱"，说明不能施展才能。

【注释】①沛：同"旆"，旌旗。②沫（mèi）：昏暗，这里又指魅，鬼怪。③肱（gōng）：手臂。

【按语】九三阳刚当位，在泰到丰的卦变过程中保持未变，但在卦变后被不当位的九四压住，不能与上六相应，难见天日，莽撞上冲与四、五爻互成兑卦，兑为毁折，九三变阴才会显现互艮之手，故有折肱之象。在黑暗中受伤，九三只好求助上下爻以互成巽卦；巽为风，黑暗中的风为鬼象，故言见沫(魅)。巽又为逊、为顺，能随方就圆，九三虽居要职，终因善于变通、不干预国事而无咎。

九四：丰其蔀，日中见斗；遇其夷主[①]，吉。

《象》曰：丰其蔀，位不当也。日中见斗，幽不明也。遇其夷主，吉行也。

【译文】九四：逐渐增加遮日的范围，致使人们只见星斗不见天日；自己能一手遮天，是因为碰到了昏君，暂得吉祥。

《象传》说：“丰其蔀”，因为九四不当位。“日中见斗”，因为天空迷暗不明（六五过于柔弱）。“遇其夷主”，说明这是施展才华的吉利之行。

【注释】①夷：衰微；又通“痍”，创伤。夷主：昏君。

【按语】九四为阳爻居于近君之臣的位置，而上面的六五柔弱无能，不得不承担起操办国事的责任，只是对百姓来说好似暗无天日。九四处震木和巽木之体，下乘离日，故有遮天的日食之象。

六五：来章有庆[1]，誉吉。

《象》曰：**六五之吉，有庆也。**

【译文】六五：调来的贤才值得行赏奖励，及时赞誉可得吉利。

《象传》说：“六五之吉”，是因为六五奖励了九四。

【注释】①章：大木材，这里指人才。庆：行赏奖励。

【按语】六五以柔居尊位，又与六二敌应，没有治邦之能，幸好刚强好胜的九四刚从二爻的位置上来，对自己忠心耿耿、鼎力相助。六五与九四同处兑卦和震卦之体，兑为饮食、享乐，震为发动、进取；六五为兑卦主爻，九四为震卦主爻；说明只要六五给予赞誉和赏赐，九四就会尽力向上、为六五效劳，故吉。

上六：丰其屋，蔀其家，窥其户，阒其无人[1]，三年不觌[2]，凶。

《象》曰：**丰其屋，天际翔也。窥其户，阒其无人，自藏也。**

【译文】上六：房子被扩大了，门窗被遮挡得严严实实，透过门缝窥探，里面阒寂无人，几年见不到他，会有凶险。

《象传》说："丰其屋"，看起来上六犹如鸟飞蓝天，逍遥自在。"窥其户，阒其无人"，说明他自蔽深藏。

【注释】①阒（qù）：寂静。②觌（dí）：以礼相见。

【按语】上六阴柔当位，是丰卦最外之爻，为丰大的外部特征。在从泰到丰的卦变过程中，上六一直守柔未变，但在卦变后却利用好强的九四往上震动，开拓之前的坤土，故有丰屋之象（乘机敛财）。三、四爻为门窗位，丰卦中只有九三变阴后才能现出艮卦（门窗），艮被巽掩，故言蔀其家。九三为当位阳爻，本性喜欢进取、上行，欲与上六呼应，无奈被九四持着斧钺挡住，只好窥其户。九三处离卦（目）上爻，离为三，故言三岁不觌。上六本来可与九三阴阳相应，却被九四推着往上行，处于最高位置，已没有上行的空间，下行又会受兑卦斧钺的伤害，无路可逃，所以凶险。

卦五十六　火山旅

旅[1]**，小亨**[2]**，旅贞吉。**

【**译文**】旅卦：在旅行的时候尽量使各个细节不出问题，小心坚持下去，旅途才能吉祥。

【**注释**】①旅：旅行；本义是军旅编制，五百名军人为一旅；其甲骨文字形像众人站在旗帜下准备出行的样子。②小：小事情，事情的各种细节。亨：通达，畅通。

《象》曰：**旅，小亨，柔得中乎外而顺乎刚，止而丽乎明，是以小亨，旅贞吉也。旅之时义大矣哉。**

【**译文**】《彖传》说：旅卦小亨，因为六五是从否卦内坤的三位上升到外乾的中位，卦变的过程是阴柔得到中位并顺从刚健乾卦的过程；变成旅卦后，下艮为止，上离为明，为稳重者依附于光明；所以说在旅行当中要注意细节才能亨通，持守贞正才能吉祥。旅卦中把握时机的意义真的很重大。

《象》曰：**山上有火，旅。君子以明慎用刑，而不留狱。**

【**译文**】《象传》说：下艮山，上离火，山上之火，随风蔓延，如人在旅途，居无定所，故卦名曰旅。离又为光明、为眼睛、为戈兵、为刑狱，艮为宫阙、为静止、为慎重，此象告诉君子，刑事审决必须明察谨慎；旅行之时不可久居、滞留，狱事也同样不可稽留。

初六：旅琐琐，斯其所取灾。

《象》曰：旅琐琐，志穷灾也。

【译文】初六：旅行之初如果用意猥琐，就会招来灾害。

《象传》说："旅琐琐"，说明初六因志向穷尽带来灾祸。

【按语】旅卦从否卦变来，在卦变过程中，初爻自身没有改变，却从坤卦进入艮卦，坤为老母，艮为少男，老母静待少男，其用意有些猥琐。初六与九四阴阳相应，然两爻都不当位，有两人私奔之象；并且，九四属刚烈之火，其性上炎，初六为山下之手，携火旅行，终会引火烧身。

六二：旅即次[1]，怀其资，得童仆贞。

《象》曰：得童仆贞，终无尤也。

【译文】六二：在旅行中住进旅舍，怀中带有旅资，得到童仆的真诚服侍。

《象传》说："得童仆贞"，说明六二终究没有怨恨之事。

【注释】①即：登上，走进。次：旅舍。

【按语】六二处艮卦中爻，艮为舍，故言即次。三、四爻为身体的心位爻，六二与九三、九四互成巽卦，巽为财，故言怀资。艮为童，六二柔处阴位居艮中，有得童仆的真诚服侍之象。

九三：旅焚其次，丧其童仆，贞厉[1]。

《象》曰：旅焚其次，亦以伤矣。以旅与下，其义丧也。

【译文】九三：旅途中客舍被烧，童仆也跑了，只好一个人风餐露宿，非常艰难。

《象传》说："旅焚其次"，当然非常忧伤。"以旅与下"，因为旅行带着童仆，按道理说遇难时童仆会逃跑的。

【注释】①贞：对信念坚定不移。

【按语】九三为下艮主爻，艮为山、为童男、为房舍，

九三又在互卦巽木之中，上承离火，有山上旅舍和树木着火之象。九三往上互成兑卦，往下互成艮卦，兑为毁，艮为少男，故有丧童仆之象。九三本是来自否卦的九五，屈尊下行，就算持守贞正也会很艰难。

九四：旅于处，得其资斧，我心不快。

《象》曰：旅于处，未得位也。得其资斧，心未快也。

【译文】九四：旅行在异国他乡，有了自己的住所，得到了财物，心里还是不快乐。

《象传》说："旅于处"，说明没有得到适当之位。"得其资斧"，尽管赚了不少钱，心中还是不踏实。

【按语】九四不当位又上承阴爻，没有合适的平台发挥自己的才能。九四处巽体，为得财之象；处互兑中，为得斧钺之象；喻示钱权兼得。然而，九四在兑虎之中，上承六五，五爻为君王位，伴君如伴虎；此时心里想念初六却被艮山阻挡不能相应，所以很不痛快。

六五：射雉，一矢亡，终以誉命①。

《象》曰：终以誉命，上逮也②。

【译文】六五：射中了野鸡，丢失了一个箭矢，最终得到了美誉和爵位。

《象传》说："终以誉命"，说明声望已经非常高了。

【注释】①誉：荣誉。②逮：及。

【按语】六五来自否卦的六三，地位上升后，之前的互巽变成了现在的互兑，并处离卦中爻；乾为箭矢，巽为命令、山林，兑为杀伐，离为野鸡；故卦变的过程为六三奉命进山射杀野禽、拯救君主的过程；最终成功射中了野禽，却使之前的乾矢变成了离明；虽然有所损失，却获得了光明的尊位。

上九：鸟焚其巢，旅人先笑后号咷[1]。丧牛于易，凶。

《象》曰：以旅在上，其义焚也。丧牛于易，终莫之闻也。

【译文】上九：鸟儿的巢窠被焚烧，旅行的人先欣喜欢笑，然后号啕大哭。在交易中失去了牛，很凶险。

《象传》说："以旅在上"，因为上六以商旅身份登上尊贵的爵位，非分之极，被焚毁是意料之中的事。"丧牛于易"，说明上九最终失其居所，遭祸而无人闻知。

【注释】①咷（táo）：同"啕"，大哭。

【按语】上九在卦变之前处乾卦上爻，与九五相敌；卦变后与六五比应，又下乘兑悦，所以欣喜欢笑。没想到六五为阴爻，本性下行，只与九四相应；上九没有获得六五的呼应，所以又号啕大哭。乾为圜、鸟巢，卦变后成为离火，有焚巢之象。卦变前否卦的下体为坤牛，卦变后成为艮山，为牛丧失于山。牛为农家的根本、远行的依靠，远行在外没有住处和依靠，必然凶险。

卦五十七　巽为风

巽[1]**，小亨，利有攸往，利见大人。**

【译文】巽：小人物寻求亨通，出行前往可获利，拜见大人可获利。

【注释】①巽：象形字，本义为祭祀时摆齐的所有祭品，这里为卦名。

【按语】此卦变自遯卦，因遯卦的九四与六二位置互换而成，六二变成六四为小人物被提拔之象，故言小亨。巽卦爻形☴为二阳覆压一阴，阴爻不得不顺从阳爻。两巽重叠，表示如风一样随顺，所以又叫风卦。风卦上续旅卦，人旅在外，居别人屋檐下不得不低头，故风卦含顺服之意。

《彖》曰：**重巽以申命**[1]。**刚巽乎中正而志行。柔皆顺乎刚，是以小亨，利有攸往，利见大人。**

【译文】《彖传》说：巽（☴）为柔顺，两个巽（☴）相重，意在强调柔顺的道理。阳刚九五因中正美德被人顺从，从而使自己倡导柔顺的主张得以推行。因为巽卦中阴爻都顺从阳爻，所以说“小亨，利有攸往，利见大人”。

【注释】①申：申述，表明。命：旨意。

《象》曰：**随风，巽。君子以申命行事。**

【译文】《象传》说：两巽相叠为长风相随、不断吹拂。君子观此卦象，在颁布政令前反复征求大家的意见，在颁布政令后又反复解说政令的好处。

初六：进退，利武人之贞。

《象》曰：进退，志疑也。利武人之贞，志治也。

【译文】初六：自己不能自主进退，只能像武人一样唯命是听。

《象传》说："进退"，是因为自己没有主见。"利武人之贞"，说明武人应该具有坚定的意志，因为只有意志坚定，才会勇敢无畏、临危不乱。

【按语】初六位卑才弱无正应，并且上面被不当位的九二压制，只能充分展现巽逊的特征，犹如风听天命而吹。初六上承兑虎，顺虎而行，犹如士兵紧跟武将，忠贞于首领才会有利。

九二：巽在床下，用史巫纷若[1]，吉，无咎。

《象》曰：纷若之吉，得中也。

【译文】九二：恭顺地站在宝座下，请用祝史巫觋降神祭祀，禳灾驱邪，忙碌不停，可获吉祥，不会有咎害。

《象传》说："纷若之吉"，因为九二居下卦中位。

【注释】①史巫：祝史和巫觋。祝史司祭；巫以降神，清除不祥。

【按语】九二来自遯卦的九四，从乾体来到巽体，乾为天，巽为祭祀，九二从乾天而来，可代指降神之巫。九二又处兑卦之体，兑为羊、为祭品的代表，也可代表司祭之祝史。九二上承离卦，离为太阳、为天神，又在互鼎卦之中，鼎为权力、为宝座、为朝廷，故说九二"巽在床下"。九二虽居巽卦命令的中位，但不乱发号令，而是通过祝史、巫觋先请示天神，史巫祭祀也是顺听天意，不会自作主张，故无咎。

九三：频巽，吝[1]。

《象》曰：**频巽之吝，志穷也**。

【译文】九三：忧郁不乐地勉强顺从，其心必不顺畅。

《象传》说："频巽之吝"，因为他的意志已穷，毫无办法。

【注释】①频：通"颦"，皱眉，喻指愁眉不展。吝：艰吝，心中不顺畅。

【按语】九三阳刚当位，却处内互睽（志不同行）卦和下互大过（内心刚烈）卦之中；虽与六四、九五互成离火，具有锐意进取之特性；无奈上无应爻；又被六四仗巽卦(命令)欺凌；故心中不快。

六四：悔亡，田获三品[①]。

《象》曰：**田获三品，有功也**。

【译文】六四：想给朝廷递送百姓的意见致使身落虎口、陷入四阳当中而有悔，给朝廷进献三牲供品后而悔亡；因为团结上下，才狩猎到三牲供品。

《象传》说："田获三品"，说明狩猎大有收获。

【注释】①田：同"畋"，狩猎。三品：一般指水、陆、空三牲供品，这里指鱼、鸟、羊。一说上品为祭祀，中品为宴宾，下品为自食。

【按语】六四来自遯卦的六二，阴柔当位，却陷入四阳当中，刚刚进入上卦，又得不到初爻的呼应，故有悔象。然而，六四为上巽主爻，巽为顺、为入、为鱼、为鸡，又兼处离、兑之体，离为鸟，兑为羊；并且上下互成的卦皆为柔卦，喻指悔亡后恭顺地进供三牲礼品。

九五：贞吉；悔亡，无不利；无初有终，先庚三日，后庚三日[①]**，吉**。

《象》曰：**九五之吉，位正中也**。

【译文】九五：身处尊位，持守贞正，为民造福，获得吉祥。用世袭制取代禅让制而悔亡，于人于己无所不利。起初不具备条件，最终却达到了理想结果，因为在政令公布前做了充分的准备，公布后又做了适当的调整，故获吉祥。

《象传》说："九五之吉"，因为九五阳爻处于中正的位置。

【注释】①先庚三日：指庚日前三位之日，即丁日，表示提前通知。后庚三日：指庚日后三位之日，即癸日，表示事后调查。庚，又通"更"，调整。

【按语】风卦变自遯卦，遯卦为隐退、为禅让，而巽卦为政令、为世袭；卦变前九五在上乾之中，下与九四相敌；卦变后九四变成了六四，成了自己的得力助手，使自己的地位进一步得到确立和巩固；为先悔后吉之象。

上九：巽在床下，丧其资斧，贞凶。

《象》曰：**巽在床下，上穷也。丧其资斧，正乎凶也。**

【译文】上九：伏跪在宝座（领导）之下，因为钱财被劫、权力被夺，若再怀念旧制、炫耀功劳，必遇凶险。

《象传》说："巽在床下"，说明上九卑顺过头，已没能力判断正误。"丧其资斧"，说明想改变别人就会有钱财被洗劫的凶险，甚至更大的灾难。

【按语】上九没有参与卦活动，但遯变风后，自己从乾体进入了巽体；乾为天，是钱和权的凝聚焦点，具体体现在宝座（床）之上；巽为顺从、为谦逊、为被加工之木、为坐具；卦变后，乾毁巽现，故言丧资斧、巽床下。因为卦变后四、五爻配合得更好，所以上九恋旧会遭到四、五爻的排斥而带来凶险。

卦五十八　兑为泽

兑，亨，利，贞。

【译文】兑卦：获得看不见原因的亨通，应当坚守正道进行维护，使大众都能得到利益和喜悦。

【按语】“兑”字的本义为喜悦；字形的下半是一个人，上半为嘴和嘴角的笑纹。兑没有言字旁和竖心旁，说明其悦是自然而来的。兑代表秋天，秋天是收获的季节，食物丰富，吃饱了自然高兴。泽卦来自大壮卦，是九三与六五换位而成，为太子登基、上下内外一片喜悦之象。《杂卦传》说“兑见而巽伏也”，说明兑是对巽（命令和宣传）的操作和执行，即说好听的话来博取大家的欢心。两兑相叠，有面对面交流、进入心悦诚服状态之象。卦辞没有乾卦四德之“元”，说明人在高兴时是不在乎事情出现的原因的。

《彖》曰：**兑，说也。刚中而柔外，说以利贞，是以顺乎天而应乎人。说以先民，民忘其劳；说以犯难，民忘其死。说之大，民劝矣哉。**

【译文】《彖传》说：兑，就是喜悦的意思。君子内秉刚健之德，外抱柔和之姿，心悦诚服而持守忠贞，所以能够顺乎天意又合乎人心。以悦民之道引导大众前进，大众将不顾劳累而追随；以悦民之道引导大众冒险，大众也会不顾生死而赴之。悦民之道的伟大作用就在于大众因悦而劝勉奋进、共克难关。

《象》曰：**丽泽[1]，兑。君子以朋友讲习**。

【**译文**】《象传》说：两兑相叠即两泽相互依附而喜悦，君子观此卦象，从而广交朋友，商讨研习，推广见闻。

【**注释**】①丽：附丽、依附。

初九：和兑[1]，吉。

《象》曰：**和兑之吉，行未疑也**。

【**译文**】初九：随声应和，跟着大家一起欢喜，能获吉祥。

《象传》说：和兑之吉，因为在人际交往中无人猜疑。

【**注释**】①和：附和。

【**按语**】初九阳刚当位，处兑泽最下，上承互离卦，离为目、为光明，说明初九虽然地位卑微却能清楚地看到上下一片喜悦的局势，自然会跟着随声应和。泽卦变自大壮卦，初九是大壮卦中唯一当位却无应的爻，没有参与卦变活动，在卦变时没有做出任何反应，表明自己没有政治倾向，不会引起任何人的怀疑，所以能与大家共享喜悦。

九二：孚兑吉[1]，悔亡。

《象》曰：**孚兑之吉，信志也[2]**。

【**译文**】九二：凭诚信获得喜悦是吉利的，之前的悔恨也会消失。

《象传》说：孚兑之吉，说明以诚信待人，人亦热忱待之，之所以吉利，因为互相之间有了信任。

【**注释**】①孚：诚信；又通“俘”，获得。②信志：志存信实。

【**按语**】九二在卦变前处大壮的下乾之中，是可与六五相应的，卦变后成了与九五敌应，故有悔；又因为九二阳居

阴位并得中，而且获得了六三的呼应，故悔亡。九二处互离最下爻，为光而不耀的诚孚；九二又为下兑的中心爻，兑为少女，是单纯的象征；兑又为羊、为吉祥；故九二有因孚得吉之象。

六三：来兑，凶。

《象》曰：来兑之凶，位不当也。

【译文】六三：前来谋求愉悦，蕴藏着凶险。

《象传》说：来兑之凶，因为六三力小而任大，德薄而欲多，所行必不当。

【按语】六三来自大壮卦中六五，来到三位变成兑卦、离卦和巽卦的主爻，兑为斧钺，离为甲兵，巽为圣旨；三爻属于三公、武人之位；六三同时为三卦主爻，有手握重权之象；这对新登基的天子来说是一种威胁，必然会受到猜忌；加之三爻为多凶之位，因而凶上加凶。

九四：商兑未宁[1]，介疾有喜[2]。

《象》曰：九四之喜，有庆也。

【译文】九四：在不利的环境中与大家商讨，发挥自己的才能去化解矛盾，能够获得喜庆。

《象传》说：九四爻辞中说有喜，说明将来有吉庆之事。

【注释】①商：商谈。②介：隔离。疾：嫌怨、矛盾。

【按语】九四处上兑下爻，为不喜形于色、老练稳重之象。九四又处互巽中爻，有手持书信、善于商量之象。下乘六三上承九五，说明九四挡住太子六三（六三阴居阳位，为下兑主爻，兑为兵戈、毁折，有不安分之象），维护君王九五，从而获得喜庆。

九五：孚于剥[1]，有厉。

《象》曰：孚于剥，位正当也。

【译文】九五：为了获得大家的信任而刻意压住喜悦，是非常艰难的。

《象传》说："孚于剥"，因为九五阳刚中正、处于尊位，不会被巧言令色所侵蚀。

【注释】①剥：剥夺，去掉外皮。

【按语】九五来自大壮卦的九三，卦变前五爻为阴爻，卦变使五爻失去了之前互兑主爻的位置，互兑变成了互巽，为兑卦喜悦被剥之象，喻指太子登基后不再嬉笑打闹。

上六：引兑[1]。

《象》曰：上六引兑，未光也。

【译文】上六：期待着引导大家和睦相处。

《象传》说："上六引兑"，因为上六虽阴柔当位，但下面无正应，处全卦尽头，不能实现一呼百应的心愿。

【注释】①引：本义为拉开弓，有期待收获之义。

【按语】上六为上兑主爻，下乘九五，有贤人等待君王以及下属取悦领导之象。上六下面五个爻互成中孚卦，说明上六有期待大家坚守诚信、和睦相处的心愿。然而上六身处外兑，内无应爻，犹如老人整天唠叨却得不到晚辈的认同。

卦五十九　风水涣

涣①，亨②，王假有庙③，利涉大川，利贞。

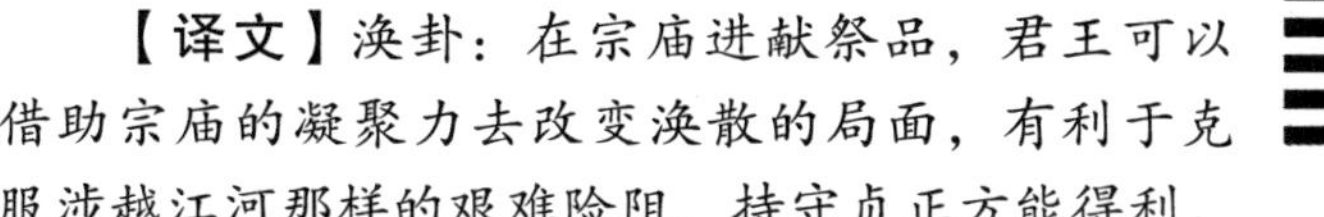

【译文】涣卦：在宗庙进献祭品，君王可以借助宗庙的凝聚力去改变涣散的局面，有利于克服涉越江河那样的艰难险阻，持守贞正方能得利。

【注释】①涣：水流分散，这里为卦名。在涣卦中，除六四、九五两爻外，其余皆不当位，并且全卦无爻有正应，喻指民心散乱。②亨：向神灵进献祭品。③假：借助；又通“格”，为至、到之义。

《彖》曰：涣亨，刚来而不穷，柔得位乎外而上同。王假有庙，王乃在中也。利涉大川，乘木有功也。

【译文】《彖传》说：“涣亨”，因为涣卦变自否卦，九二刚爻从朝廷来到凶险的边远地区，必须不断地祭祀神灵。六四从二爻的位置来到君王旁边，与君王同心同德治理天下。“王假有庙”，是指全卦首领九五爻是互艮主爻，艮有宫阙、宗庙之象，而九五君王在卦变时居中不移不变。“利涉大川”，是指乘着木舟可以破浪穿行、完成涉川之功。

《象》曰：风行水上，涣。先王以享于帝，立庙。

【译文】《象传》说：涣卦为上巽下坎，木行水上，以风促之，为一去不返、远离、涣散之象。先王观此卦象，从而享祭天帝，建立宗庙，以防止涣散的局面发生。

初六：用拯马壮[1]**，吉。**

《象》曰：初六之吉，顺也。

【译文】初六：洪水突来，借用强壮的马匹逃跑，可以免祸得吉。

《象传》说：初六爻辞讲得吉利，是因为初六阴爻居九二阳爻之下，有阴柔顺从阳刚之意，犹如马顺从人意。

【注释】①用：因。拯：本义为向上举，这里指乘骑。

【按语】涣卦变自否卦，在卦变过程中，初六一直处于卑微地位。卦变后，在初六的头上出现了巽风、震雷、坎水，犹如一场突如其来的水灾。好在九二来自否卦九四，本来就与初六相应，卦变后更加拉近了相应的距离。九二为互震主爻，震为马，初与二应，为乘马而逃之象。

九二：涣奔其机，悔亡。

《象》曰：涣奔其机[1]**，得愿也。**

【译文】九二：在发生水灾、民心涣散时，直奔灾区赴任，到达后悔恨消亡。

《象传》说："涣奔其机"，说明拯救灾民正是九二的心愿。

【注释】①机：对事情成败有重要关系的中心环节；本义为弩上发箭的含矢处和钩弦制动的装置，这里指拯救灾难的重要职务。

【按语】九二是从否卦四爻来到涣卦二爻，地位下降，心中自然会不满而有悔；然而卦变后，九二从原来的互艮下爻变成了互震主爻，由不能出门的小狗变成了善鸣的壮马，并获得上下阴爻的拥护，所以悔亡。

六三：涣其躬，无悔。

《象》曰：**涣其躬，志在外也**。

【**译文**】六三：处理自身的涣散困境，不会有悔恨。

《象传》说："涣其躬"，因为他的志向在外面。

【**按语**】涣卦变自否卦，卦变前六三处于互艮中爻，卦变后六三处于互艮下爻，一直被困于山中，并且离开了坤母进入了坎险，致使意志涣散。好在六三能够借助震卦向上的动力去求助上九，故无悔。

六四：涣其群，元吉；涣有丘，匪夷所思①。

《象》曰：**涣其群元吉，光大也**。

【**译文**】六四：离开了涣散的群体，至为吉祥；能将灾民安置成山丘般稳当，这是平常人难以想象的。

《象传》说："涣其群元吉"，因为品行光明正大，影响广大。

【**注释**】①匪：同"非"，不是。夷：平常。

【**按语**】六四从否卦的二爻来到涣卦的四爻，有离开了阴爻群体之象。六四处互艮之中，艮为山、为宫阙、为宗庙；并且六四是九五之下唯一当位之爻，故有聚集民众尽力拥护九五之象。六四在上巽下坎交际之处，处风急浪高之险境，能够力挽狂澜解救国难，故言匪夷所思。

九五：涣汗，其大号涣王居，无咎。

《象》曰：**王居无咎，正位也**。

【**译文**】九五：像人体出一身大汗、将风寒散去一样，国家为了去除积弊对官员进行调整，也会有一个涣散的阶段，但是不会有咎害。

《象传》说："王居无咎"，因为九五阳刚中正处尊位。

【**按语**】九五为全卦的首领，并且在卦变的过程中自身一直未变；为了改变上下不通的否闭局面，九五将二爻与四爻的位置做了调换；调换前，九五与六二正应；调换后，九五与二爻敌应；并且下卦三爻全不当位；以致出现了涣散的局面。涣卦的下坎为涣汗之象，上巽为大号、命令之象。二、四爻的位置调换如同将宰相与地方官互换，故言涣王居。因为调换后，宰相爻更当位，地方官也更有能力，故无咎。卦辞又指：洪水泛滥，淹及国都的王宫，幸好人们提前撤走，没有大的灾难。因为九五处艮卦（宫阙），而艮下含坎体（水），有洪水冲入宫廷之象；九五在卦变前后一直处巽体，只是卦变后巽卦的位置上升了；巽为工，位置上移，有提前撤走之象。

上九：涣其血，去逖出①，无咎。

《象》曰：涣其血，远害也。

【译文】上九：在人心涣散不讲亲情时，把握时机，顺风乘舟远行外出，不会有咎害。

《象传》说："涣其血"，说明这时远行才能无害。

【注释】①血：血缘，亲情。去：远离。逖（tì）：疏远。

【按语】上九本来处否卦之上乾，否卦虽不通泰，却为父上母下、天尊地卑、不违伦理亲情之象；而涣卦上为巽，巽为风、为长女、为淫乱，下为坎，坎为水、为中男、为偷盗；上淫乱、下偷盗，为不讲血缘亲情之象。上九处巽风最上而失重，下乘艮山而被阻，欲下应六三而不能；坎为矢、巽为鸡，有鸡被射之险；所以上九只有顺风乘舟远行，方能无咎。

卦六十　水泽节

节[1]，亨；苦节[2]，不可贞。

【译文】节卦：节制有度就能亨通；如果过分节制就不可能持续长久。

【注释】①节：节制。可行则行，可止则止，行止得中谓节。节卦内兑外坎，兑为口，坎为险，说明内口不慎则有外险。节卦变自泰卦，九三上升成为九五，为太子即位之象，喻指上升一节。②苦节：过分节制，又蕴含以节制为苦、以放纵为乐之义。

《彖》曰：**节，亨，刚柔分而刚得中。苦节不可贞，其道穷也。说以行险，当位以节，中正以通。天地节而四时成。节以制度，不伤财，不害民。**

【译文】《彖传》说：节卦，有亨通之象，因为节卦变自泰卦，在卦变分配刚爻和柔爻时，刚爻都获得了中位。"苦节不可贞"，因为过分节制会给大家带来痛苦而走向穷途末路。节卦下悦上险，说明能以愉悦的心情行走于危险的境地，是因为居于适当的位置而行节制之道，处中守正才得以亨通。天地有节度而寒来暑往，形成四时季节。有了各种典章制度的节制，才能够不浪费财物，不伤害民众。

《象》曰：**泽上有水，节。君子以制数度，议德行。**

【译文】《象传》说：水满泽上时，必须高筑堤坝以节制水流，这是节卦的卦象。君子观此卦象，从而制定典章法规、礼数制度，议定评判道德的准则。

初九：不出户庭，无咎。

《象》曰：**不出户庭，知通塞也。**

【**译文**】初九：闭门不出，没有咎害。

《象传》说："不出户庭"，因为知道前面的道路堵塞不通。

【**按语**】初九阳刚当位，知道自己在泰卦变成节卦后不能再与六四相应，因为九三上行变成九五后，形成了阻塞震道的艮山，此时的六四只会与艮卦的主爻九五相应，所以初九只好安居在艮卦综成的震卦之下。因为上面的艮之门被颠倒过来了，故言不出庭户。因为初九承内互颐卦，能践行"慎言语、节饮食"的颐之道，故无咎。

九二：不出门庭，凶。

《象》曰：**不出门庭凶，失时极也。**

【**译文**】九二：闭门不出，当动不动，就会有凶险。

《象传》说："不出门庭凶"，因为过分谨慎就会坐失良机。

【**按语**】九二上承艮卦，艮为门阙，有身处门庭内之象。九二同时处兑卦和震卦，震为足、为马、为长男、为积极进取好动之卦，兑也为喜悦进取之卦，说明九二正逢上升发展的好机会，理应上行冲出上面的艮之门庭，使节卦变成既济卦，可安享水火交融之喜庆。否则，九二若因贪享兑悦而不动，六四就会顺水下流与初九换位，使节卦变成困卦。九二又与九五敌应，而九五身处坎艮两卦，此时九二若不设法维护九五，不是被陷入困境，就有被艮山埋掉或被坎水淹没之险。

六三：不节若，则嗟若[1]**，无咎**[2]。

《象》曰：**不节之嗟，又谁咎也？**

【**译文**】六三：本该约束节制的而没有节制，事后嗟叹后悔不已，但不能把问题归咎于别人。

《象传》说："不节之嗟"，因不节制造成的悔恨，又能怪谁呢？

【**注释**】①若：表示状态，样子。②无：通"毋"，不要。

【**按语**】六三来自泰卦的六五，泰卦六五处互震最上，为躁动之极，上下皆阴，无人节制而为所欲为，致使震卦覆综成艮卦，从五爻下跌到三爻，这是由自己不知节制造成的。六三不中不正，为兑卦主爻，又处震、艮之体，兑为口舌，震为善鸣之马，艮为障碍之山，有被困山下大声嗟叹之象。

六四：安节[1]**，亨**。

《象》曰：**安节之亨，承上道也**[2]。

【**译文**】六四：安于节俭遵礼的生活，亨通。

《象传》说："安节之亨"，是因为顺从了君上的旨意。

【**注释**】①安节：安守节俭。②承：遵从。上道：君上之道。

【**按语**】六四阴柔当位，上承九五，下应初九；处艮山之中，坎水之下；效仿顺山往下流之水，安守时位；自然会与新君九五默契配合，奉行节俭之道而亨通。

九五：甘节，吉；往有尚。

《象》曰：**甘节之吉，居位中也**。

【**译文**】九五：以节俭遵礼为乐，必得吉祥；秉此而行，所往必受到大家的尊崇。

《象传》说："甘节之吉"，因为九五阳刚中正居尊位。

【**按语**】九五来自泰卦的九三，为新君即位之象；下不得应，必须树立节俭的风范；以艮山不可撼动的意志，尽力培养六三；利用互屯建侯的机会，打造一种新的平衡关系；否则就会陷入坎险之中。

上六：苦节，贞凶，悔亡。

《象》曰：**苦节贞凶，其道穷也。**

【**译文**】上六：过分节俭，痛苦不堪，知道有凶险仍然继续坚持，结果抱悔而亡。

《象传》说："苦节贞凶"，只节源，不开流，会有凶险；因为节俭的极限就是穷途末路。

【**按语**】上六阴柔当位，下乘九五，为安守时位的节俭之爻。但是上六为坎水上爻，居艮山上面，下面与六三敌应，不能下流，不停积水就会带来山塌之险。并且，坎为箭矢、为血灾，兑为斧钺、为毁折，若上下不通，很容易引发战争。

卦六十一　风泽中孚

中孚[①]，豚鱼吉[②]，利涉大川，利贞。

【译文】中孚卦：像豚鱼一样守信可以获得

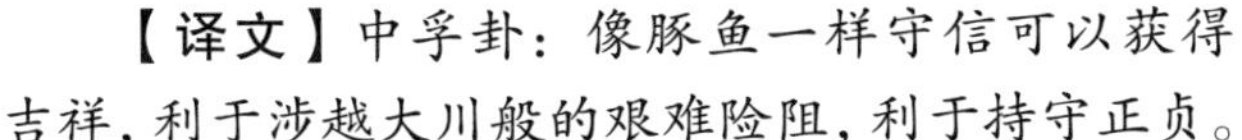

吉祥，利于涉越大川般的艰难险阻，利于持守正贞。

【注释】①中孚：卦名。孚：本义为孵，孵卵出壳的日期非常准确，故有守信之义。卦画外实内虚，喻示心中诚信，所以称中孚卦。②豚（tún）鱼：即白鳍（qí）豚。对信风很敏感，江湖水面起风就浮出水面，南风吹来它张口向南，北风吹来它张口向北。古人把豚鱼出水作为起风的信号，把豚鱼当作守信的象征。

《彖》曰：**中孚，柔在内而刚得中，说而巽，孚乃化邦也。豚鱼吉，信及豚鱼也。利涉大川，乘木舟虚也。中孚以利贞，乃应乎天也。**

【译文】《彖传》说：中孚卦的爻象是阴柔之爻居于内，阳刚之爻居于外并占据上下卦的中位；下卦为兑悦，上卦为巽逊，说明“孚”蕴含和悦且谦逊的品德，可以教化邦国民众。“豚鱼吉”，说明获得吉祥是因为像豚鱼一样守信。“利涉大川”，因为下卦为兑，兑为金、为泽；上卦为巽，巽为木、为顺；刳木为舟，行于泽水之上，可涉越大川。心中充满诚信并一直遵循礼节，是顺应天道的表现。

《象》曰：**泽上有风，中孚。君子以议狱缓死。**

【译文】《象传》说：上为巽风，下为兑泽，巽在上为天命，兑在下为凡言，故有代天宣言、教化民众、心中守信之象。上巽又为进退、为斟酌权衡，下兑又为斧钺、为刑人，君子观此卦象会慎重地审议刑事案件，尽量缓期执行死刑。

初九：虞吉[1]，有它不燕[2]。

《象》曰：初九虞吉，志未变也。

【译文】初九：登山有虞人做向导可获吉祥，但必须像燕子防蛇一样警惕，仔细观察虞人是否诚实。

《象传》说：“初九虞吉”，因为志向未曾改变。

【注释】①虞：向导，掌管山泽的官。②它：为“蛇”的本字，这里指意外、不守信用。燕：燕子，这里指燕子筑巢选地会反复考察的性格。

【按语】初九阳刚当位，为精忠报国的壮士，想要进朝廷寻找六四，可是六四处于艮山、巽林之中，地位卑微的初九必须有虞人引导才能见到六四。初九上承互震，震为马，为向导之象；借助震马之向导可获得六四的呼应。但是震被艮覆，容易错变成巽卦；巽为绳、为蛇，有蛇的地方燕子不会筑巢居住；喻示初九在动身前应当仔细观察向导是否诚实。

九二：鸣鹤在阴，其子和之[1]。我有好爵，吾与尔靡之[2]。

《象》曰：其子和之，中心愿也。

【译文】九二：老鹤在树荫下鸣叫，小鹤在旁边附和。我有美酒，与你一起享用。

《象传》说：小鹤和应老鹤，这是心灵相通的表现。

【注释】①阴：树荫。和：应和。②爵：饮酒之器，古代不同形状的酒器代表不同的身份，这里指酒。靡：分散，同饮。

【按语】九二阳刚无正应，于是上行与六三、六四互成

震雷而鸣，却被上面的艮山和巽木压住，声音没法远扬，只好返回联系身旁两爻（其子）互成兑卦，欢快地分享饮食。

六三：得敌，或鼓或罢，或泣或歌。

《象》曰：或鼓或罢，位不当也。

【译文】六三：获得敌方的情报后，一定要审核情报人员的可信度，因为擂鼓进兵或罢兵休战的决定，会带来凯旋高歌或兵败痛哭的结果。

《象传》说：“或鼓或罢”，因为六三阴爻处阳位，隐伏着不测之祸。

【按语】中孚上巽为木，下兑为金，有金木相克的作战之象。六三与上九相应，上九处巽卦上爻，巽为书信，有得情报之象。六三处互震和互艮两卦之中；震为动，为击鼓进军之状；艮为止，为罢兵休战之象；下兑为悦歌，上巽为哭泣；三爻又为多凶之位，隐伏着各种不测；所以六三不能感情用事、轻易相信他人。

六四：月既望[①]，马匹亡，无咎。

《象》曰：马匹亡，绝类上也[②]。

【译文】六四：在阴历十六之后，马匹丢失了，但无咎害。

《象传》说：“马匹亡”，说明是为了维护君上才不轻易相信别人。

【注释】①既望：每月十五日是满月，月相称望，望后一天的月相称既望。②类：繁体为“類”，这里指如犬一样守信的同类。

【按语】六四处巽卦下爻，爻画为虚线，为既望之月相。中孚卦变自大畜卦，在卦变的过程中，六四从互震（马）变成了互艮（狗），故言马亡。六四为艮卦中爻，艮为宫阙、为狗，狗本性忠主，故言绝类。

九五：有孚挛如[1]，无咎。

《象》曰：**有孚挛如，位正当也。**

【译文】九五：心怀诚信，与大家紧密团结，不会有咎害。

《象传》说："有孚挛如"，因为九五来自大畜卦的九三，刚升到中正的尊位，需要获得大家的信任。

【注释】①挛：牵系。挛如：形容捆绑得很紧的样子。

【按语】九五为中孚卦的首领爻，为上巽的中心爻，为互艮的主爻，巽为绳、为命令，艮为手、为稳固，卦象蕴含着手拿绳索捆绑使上下一条心的意思。

上九：翰音登于天[1]，贞凶。

《象》曰：**翰音登于天，何可长也！**

【译文】上九：鸡叫声响彻天际，这是凶险的预兆。

《象传》说："翰音登于天"，说明鸡在天空不可能长久飞翔。

【注释】①翰（hàn）：赤色山鸡，天鸡。

【按语】中孚卦变自大畜卦，大畜卦的九三本来在乾卦之体，卦变时离开乾天上行变成巽鸡，故言翰登于天。卦变前上卦为艮、为狗，变后为巽、为鸡，为失信之变。鸡只宜地上走，不宜天上飞，因为鸡飞得越高就会摔得越重。上九处全卦顶端，阳居阴位，下乘艮山，为不自量力、好高骛远之象；若不及早醒悟必遇凶险。

卦六十二　雷山小过

小过[1]**，亨，利贞。可小事，不可大事。飞鸟遗之音**[2]**，不宜上，宜下，大吉。**

【译文】小过卦：祭祀，利于持守贞正。在家里祭祀（小事）可以越礼，国家祭祀（大事）不可以越礼。飞鸟于高空鸣叫时被箭射，警惕人们，登高易遇险，处下则吉利。

【注释】①过：指言行失度。小过：小过失。小过卦为下艮上震，艮为山、为狗、为忠信，震为雷鸣、为奔跑、为长男，喻指有人从山上经过，闻雷鸣而生敬畏，于是祭拜天神。小过与大过两卦皆为大坎爻象。《说卦传》以坎为多眚。眚含过失之义。《广韵》："眚，过也。"②飞鸟遗之音：小过卦画内实外虚似鸟飞形；其中九三、九四居巽体，巽为鸟，下乘艮山，上承震雷，有鸟飞于山上鸣叫之象。

《彖》曰：**小过，小者过而亨也。过以利贞**[1]**，与时行也。柔得中，是以小事吉也。刚失位而不中，是以不可大事也。有飞鸟之象焉。飞鸟遗之音，不宜上，宜下，大吉，上逆而下顺也**[2]。

【译文】《彖传》说：在家里举行祭祀时，犯了小错不影响亨通，稍微的失度是有利于修正的，随时修正可以增强适应能力而与时俱进。下卦六二中正，所以在家里祭祀稍微失度还是会得吉利的。上卦九四不当位，所以在国家祭祀时不能有差错。本卦含巽艮之体，有飞鸟过山之象。卦辞说“飞鸟遗之音，不宜上，宜下，大吉”，因为向上攀附是逆理而行，安柔处下则是顺理之举。

【注释】①贞：匡正。②上逆而下顺：因为小过卦爻象为大坎，坎为水，水往上为逆、往下为顺。

《象》曰：**山上有雷，小过。君子以行过乎恭**[1]**，丧过乎哀**[2]**，用过乎俭**[3]。

【译文】《象传》说：山上有雷，是小过的卦象。君子观此卦象，惧畏天雷，不敢有过失，因而行事不敢过于恭谦，居丧不敢过度哀伤，日常用度不敢过于节俭，唯适中而已。

【注释】①小过卦有震体，震为动，为足，故曰行。②小过卦的内互卦是大过卦，大过卦有棺椁之象，故曰丧。③小过卦有兑体，兑为泽，泽为膏泽之润，故曰用。

初六：飞鸟以凶。

《象》曰：**飞鸟以凶，不可如何也**。

【译文】初六：像飞鸟一样不加约束就会有凶险。

《象传》说：“飞鸟以凶”，因为初六不懂约束，不知该怎么办。

【按语】初六地位卑微，又不当位，还被困在艮山之下；而与之相应的九四下乘艮山，处巽鸟之体，为鸟飞于山上天空之象；小过卦的卦画形状为一个大坎卦，坎为箭矢，六四处箭体中部；所以，初六若自不量力，飞去天空与六四相应，如同飞鸟自己往箭上撞。

六二：过其祖，遇其妣[1]**；不及其君，遇其臣；无咎**。

《象》曰：**不及其君，臣不过也**。

【译文】六二：在家里，越过祖母去拜见母亲；在朝廷，

没参拜天子之前，先参拜大臣；不会有咎害。

《象传》说："不及其君"，说明六二作为臣子不可越过天子。

【注释】①过：越过。祖：祖母。遇：会面，拜见。妣：母亲。

【按语】小过卦从升卦变来，升卦的六四下到六二，犹如朝廷官员回家省亲；九二升到九四，犹如地方官员进朝廷参拜天子；只要遵循礼节就不会有咎害。

九三：弗过，防之。从或戕之，凶。

《象》曰：从或戕之，凶如何也。

【译文】九三：自己做事不能过分，也要防止别人过分。如果盲目跟从他人就会被人戕害，非常凶险。

《象传》说："从或戕之"，说明做事过头，凶险就无法预料。

【按语】九三本为多凶之爻，理应夕惕若，并处大坎中间，大坎为大险；九三为艮卦主爻，艮为门墙、为防护；又为巽卦中爻，巽为树林；故有躲在树林中自我防护之象。如果九三越过九四和六五，上行与上六相应，就会遇兑而被毁。

九四：无咎。弗过遇之。往厉必戒，勿用永贞。

《象》曰：弗过遇之，位不当也。往厉必戒，终不可长也。

【译文】九四：能力胜过职位，不会有咎害。自己没有过分的要求，职位的提升只是机遇。前往将有危险，一定要警戒小心，不要过于执着而不变通。

《象传》说："弗过遇之"，说明九四阳爻处于阴位，像人处境不利，不能有过分的要求。"往厉必戒"，说明不做预防就不会有长久的结果。

【按语】九四原来为升卦的九二；卦变前处互兑之体，变后处互巽之体；兑为只知嘻嘻哈哈的少女，不会有过分的要求；巽为风、为遇，故言弗过遇之。因为小过卦为大坎象，坎为艰险，九四处坎中部，并容易被柔弱的六五猜疑，此时若越过艮山去应初六，必定非常艰险，所以要有戒心。因为六五无能治邦，九四不能袖手旁观，所以应当发挥巽风随机应变的本能。

六五：密云不雨，自我西郊[1]。公弋取彼在穴[2]。

《象》曰：密云不雨，已上也。

【译文】：从西郊而来的乌云密布在天空，却不能降雨。王公们用细绳系在箭上射取那些藏在穴中的野兽。

《象传》说："密云不雨"，说明小人已经身居高位，已威胁到天子。

【注释】①西郊：东为主，西为宾，云自西郊而来，说明此云是冲着主人而来的，想取天子而代之。②弋（yì）：用带绳子的箭射鸟。彼：野兽。

【按语】六五阴柔居尊位，下面又无正应，受到阳刚九四的威胁，犹如密云即雨，天下潜伏着巨大的危机。好在九三阳刚当位，又处兑体，兑为武器、为毁折，喻指精干的忠臣粉碎了小人的阴谋。三爻为三公，大坎为矢、为穴，三、五互换就会成为巽，巽为绳、为禽，有公弋于穴之象。

上六：弗遇过之，飞鸟离之[1]，凶，是谓灾眚[2]。

《象》曰：弗遇过之，已亢也。

【译文】上六：不去参拜，直接越过，如同飞鸟冲天，失去控制，凶险啊，这是自己招来的灾难。

《象传》说："弗遇过之"，说明上六越礼的行为已到

极限。

【注释】①离：通“罹”，鸟被罩住。②眚：灾难。

【按语】上六为震卦最上爻，震为躁动好鸣之马，上六阴柔居躁动最上，最难把握分寸，容易做事过头；震卦下面隐伏着代表遇和鸟的巽卦；在卦变时，升卦之上坤只变成震未变成巽，所以说弗遇过之、飞鸟离之。上六在震卦外爻为动之极，在大坎上爻为险之极，所以说凶。上六当位，容易利用自己的地位越过九四，与九三相应；九四为兑卦斧钺凶器的中心爻，上六往凶器上撞，必定受伤。

卦六十三　水火既济

既济①，亨小②，利贞。初吉终乱③。

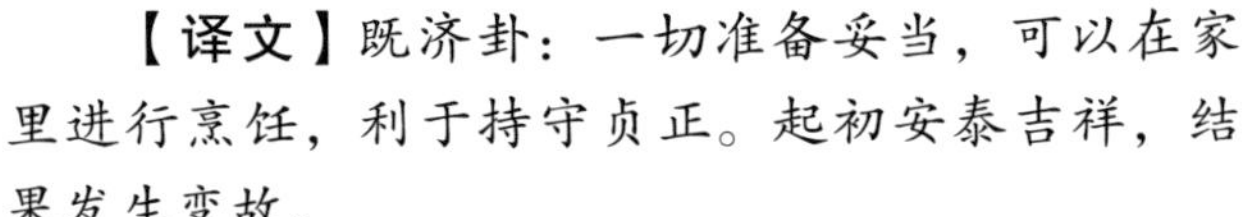

【译文】既济卦：一切准备妥当，可以在家里进行烹饪，利于持守贞正。起初安泰吉祥，结果发生变故。

【注释】①既：已经。济：一、拯救、发挥；二、整齐美好的样子；三、渡过水流。既济：上坎水下离火，六爻皆得位并有应，喻指一切准备妥当。②亨：通“烹”，烹饪。鼎卦说：“圣人亨以享上帝，而大亨以养圣贤。”圣人才可列鼎而煮，生火烧水之类的烹饪为庶民之事，故言小。③吉：会意字，甲骨文字形上面像兵器、下面像盛放兵器的器具，合起来表示把兵器盛放在器具中不用。

【按语】既济卦从泰卦变来，在卦变前，阴阳分排整齐为通泰吉利之象；卦变后，三个阳爻分别为阴爻所乘，进入临时的混乱。

《彖》曰：**既济，亨，小者亨也。利贞，刚柔正而位当也。初吉，柔得中也，终止则乱，其道穷也。**

【译文】《彖传》说：既济卦，为庶民烹饪举行婚庆之事。利于坚守正道，因为六个爻都刚柔当位。起初吉利因为在泰卦中阴居尊位，六爻安静；卦变中九二上行，六五下行，秩序的调整呈现出一片混乱，这是静到极限的原因。

《象》曰：**水在火上，既济。君子以思患而豫防之①。**

【译文】《象传》说：上卦为坎水，下卦为离火，为水势压倒火势，救火成功之象。然而水能灭火，火也能干水，君子观此卦象，从而有备于无患之时，防患于未然之际。

【注释】①患：灾患。豫：同“预”，预先。

初九：曳其轮，濡其尾[1]，无咎。

《象》曰：**曳其轮，义无咎也。**

【译文】初九：小狐借助车子的力量前行，打湿了尾巴，不会有咎害。

《象传》说：“曳其轮”，初九谦虚谨慎，理应能够守成，不会有咎害。

【注释】①曳：拉、拖。濡：沾湿。

【按语】初九阳刚当位，上与六四相应，又得六二的提携，故能被轮曳着前进。既济卦变自泰卦，在卦变的过程中，初九未变，为拖尾之象；变后上承坎卦，坎为轮、为狐、为水，故言濡其尾。初九在离火之体，火性上炎，能顺势上行与六四相应，故无咎。

六二：妇丧其茀[1]，勿逐，七日得。

《象》曰：**七日得，以中道也。**

【译文】六二：妇人丢失了车舆上的帘子，不用寻找，七日内会失而复得。

《象传》说：“七日得”，因为六二柔居阴位，持守中道。

【注释】①茀（fú）：车舆上的帘子。

【按语】六二来自泰卦的六五，卦变时六五乘震马坤车下行，原来的坤卦成了坎卦，坤为大舆、为布，可代指车舆上的布帘茀，故言丧茀。六二居坎体，又被上坎覆压，坎为盗贼，含有遭辱被盗之义。然而六二阴柔中正，上有九五相应，邻有初、三相助，故能失而复得。

九三：高宗伐鬼方[1]，三年克之。小人勿用。

《象》曰：三年克之，惫也。

【译文】九三：高宗讨伐鬼方，用三年时间才取得胜利，不可重用小人。

《象传》说："三年克之"，因为这时鬼方已疲惫不堪。

【注释】①高宗：名武丁，庙号高宗，盘庚后第三代。鬼方：野蛮边国，也指坎方。

【按语】九三在卦变前处互兑中，兑为征伐；卦变后处互坎中，坎为鬼方，故言伐鬼方。九三处互离下爻，离为火，火性上炎，离又为三，有三年后获得上六相应之义。九三处离火，上六处坎水，以火煮水，必须耐心等待，慢慢升温使之沸腾。三爻为多凶之位，九三若任用两边的小人，就会陷入坎险之中，故言小人勿用。九三又处内互未济卦之中，说明此时内部不团结，只适合出外征伐鬼方。

六四：繻有衣袽[1]，终日戒。

《象传》曰：终日戒，有所疑也。

【译文】六四：穿着华丽的服饰时还准备着破旧的烂衣服，整日里提心吊胆，因为自己知道成功的底下都埋藏着衰败的祸患。

《象传》说："终日戒"，说明六四心有疑惧，时刻保持防范意识。

【注释】①繻（xū）：彩色的丝织品，华丽的衣服。有：或。袽 rú：烂衣服或破旧棉絮。

【按语】六四处近君之位，伴君如伴虎，虽然当位，也未参与卦变活动，但环境的改变让六四产生了居安思危的忧

患意识。六四从原来平静的坤卦进入了危险的坎卦，并且身处两险之间，不得不做好最坏的打算。只有妥善处理好上下关系，充分发挥离火的作用去烧煮坎水，才能安然无恙。

九五：东邻杀牛，不如西邻之禴祭①，实受其福②。

《象》曰：**东邻杀牛，不如西邻之时也。实受其福，吉大来也。**

【译文】九五：东邻杀牛祭日，祭品不可谓不多，但是却比不上西邻以简单的薄酒祭月的效果；西邻只因虔诚就得到了神灵的保佑。

《象传》说："东邻杀牛"，说明东邻时运不如西邻，此时火不如水。"实受其福"，说明心诚福将自来，丰不如俭。

【注释】①杀牛：讲排场的厚祭。禴（yuè）：薄祭，只用酒水祭祀。②实：孚，诚。

【按语】既济卦中下离为日、为东方、为牛、为厚祭，上坎为月、为西方、为水、为酒、为禴祭，而受福的感应效果不在于祭品的丰俭，而是在于内心的虔诚。

上六：濡其首，厉。

《象》曰：**濡其首，厉，何可久也？**

【译文】上六：小狐涉水过河时，被水打湿了头部，将会面临危险。

《象传》说："濡其首厉"，若在成功之后头昏脑涨，不能顺时而变，怎能维持长久呢？

【按语】上爻为首，上六在坎体，坎为水，有头沾水之象。上六在卦变过程中一直当位未变，卦变后朝廷已易天子，自己因头被打湿还沉浸在过去的幸福之中。如果上六还要下行与九三呼应，就会陷入坎险；若能顺着离火的热气上升，使坎水变成坎云，尚能持续下去。

卦六十四　火水未济

未济，亨[1]，小狐汔济[2]，濡其尾，无攸利。

【译文】未济卦，还未准备好就进行烹饪，犹如小狐狸在准备渡河前打湿了尾巴，看来很不利。

【注释】①济：渡水。亨：同“烹”。未济卦为火在上、水在下，六爻虽相应但都不当位，喻示还未做好准备。②汔（qì）：期待，准备。汔为会意字，本义指水干涸；三点水加乞，表示人们在水干涸时乞求天公降雨。

《彖》曰：**未济亨，柔得中也。小狐汔济，未出中也。濡其尾，无攸利，不续终也。虽不当位，刚柔应也。**

【译文】《彖传》说：未济卦为烹饪未准备好之象，因为六五阴柔居中不当位。“小狐汔济”，是指还没有出离险境。“濡其尾，无攸利”，是说头尾不能相续，有始无终。虽然都不在恰当的位置上，但刚柔相互呼应是可以促使成功的。

《象》曰：**火在水上，未济。君子以慎辨物居方。**

【译文】《象传》说：上卦为离火，下卦为坎水，火在水上，水不能克火，是未济卦的卦象。君子因此感于水火错位不能相克，从而以谨慎的态度分辨事物的性质，尽力使各方面都处于适当的位置，发挥最大的作用。

初六：濡其尾，吝。

《象》曰：**濡其尾，亦不知极也。**

【译文】初六：小狐涉水渡河，沾湿了尾巴，前进会有困难。

《象传》说："濡其尾"，说明不知自己能承受的极限。

【按语】未济卦变自恒卦，初六在卦变前处巽体，巽为尾，卦变后处坎体，坎为水，有湿尾之象。初六一直阴居阳位，上有九二和九四相应，如同被宠坏的孩子，不知外面的水深火热，难免遇到困难。

九二：曳其轮，贞吉。

《象》曰：九二贞吉，中以行正也。

【译文】九二：小狐借助车子的力量前行，持守忠贞可获吉祥。

《象传》说："九二贞吉"，因为九二阳爻处下卦中位，遵循正道。

【按语】二爻为阴位，九二以阳占阴，使二至四爻的艮卦（手）隐去，一至三爻的坎卦（轮）出现，有手藏于轮中、曳轮之象。九二在卦变过程中一直阳居阴位，上得六五的扶植，能力胜过职位，做事就会利用工具，寻找方法（适时加油或刹车），顺从大势，服从领导，自然吉祥。

六三：未济，征凶，利涉大川。

《象》曰：未济征凶，位不当也。

【译文】六三：未渡河之前，急于进取必有凶险；涉水渡河本来是可以获利的。

《象传》说："未济征凶"，因为六三阴爻居阳位，所处环境不利。

【按语】六三本与上九正应，由于从六三到上九可互成未济卦，中间被水隔火阻，若急于上行求应，必遇凶险。

六三来自恒卦上六，刚从上位来到下位，又被夹在两阳中间，必须先适应环境，处理好周边关系之后再涉水与上九相应方能成功。

九四：贞吉，悔亡。震用伐鬼方，三年有赏于大国。

《象》曰：贞吉悔亡，志行也。

【译文】九四：坚持正道，可获吉祥，使悔恨消失。以雷霆之势征讨不服的边远诸侯国，费时三年取得胜利后，又获得大国的赏赐。

《象传》说："贞吉悔亡"，说明心愿得到了实现。

【按语】九四阳居阴位，在从恒到未济的卦变前，处互兑喜悦之中；卦变后，处互坎困难之中；故有悔。因为九四又处内互既济卦之中，很快就与上下打成一片，故悔亡。九四本来处震体，卦变后成为互坎的主爻，坎为鬼方，故言震伐鬼方。九四又在离卦之体，八卦序数离为三，喻指历经三年。因为三年之计需添木续火，只有六三变阳爻以成鼎卦，九四才能进入互乾大国而得赏。

六五：贞吉，无悔。君子之光，有孚，吉。

《象》曰：君子之光，其晖吉也①。

【译文】六五：坚持正道，可得吉祥，没有悔恨。君子的光辉在于有诚信，有诚信者吉祥。

《象传》说："君子之光"，说明君子以柔行刚，燃烧自己照亮别人，光彩焕发，当然吉利。

【注释】①晖：光辉；又同"晕"，日月周围的光圈。

【按语】六五为全卦的首领，居尊位而下应阳刚九二，虚心求下，言行有信。六五为离卦主爻，同时又处互坎之体，离为火、为太阳，坎为水、为谦下，以谦下的行动为人们创

造光明和温暖，属燃烧自己照亮他人的品行。六五在卦变前处震木之体，卦变后处离火之体，木变成火，属燃烧自己照亮他人的行为。

上九：有孚于饮酒，无咎；濡其首，有孚[1]，失是[2]。

《象》曰：饮酒濡首，亦不知节也。

【译文】上九：事业取得成功后，饮酒庆贺，不会有咎害；如果饮酒过量，失去节制，昏了头，好事也会变成坏事。

《象传》说："饮酒濡首"，说明太不知节制了。

【注释】①孚：通"俘"，俘获，获得。②是：正道。金文"是"字上部为日晷之类跟太阳有关的事物，下部是止（足），表示循着正确的方向走。

【按语】上九来自恒卦的九三，位置的上升表示事业有成。上九阳居阴位，下乘坎水，有庆功饮酒之象。然而坎卦又为险，下面有两坎相连，若不谨慎就会陷入重重危险之中。上九在卦变前处恒卦的互乾之中，卦变后在未济的离卦之体；乾为正道，离为附丽；出乾入离，故言失是。

主要参考文献

（汉）许慎撰，（宋）徐铉校定：《说文解字》，中华书局，2013 年。

（魏）王弼注，（唐）孔颖达编著：《周易正义》，北京大学出版社，1999 年。

（唐）李鼎祚：《周易集解》，中华书局，2016 年。

（宋）程颐撰，王孝鱼点校：《周易程氏传》，中华书局，2016 年。

（宋）邵雍主编：《周易全书》，远方出版社，2003 年。

（宋）朱熹撰，廖名春点校：《周易本义》，中华书局，2009 年。

（宋）程颢、程颐撰，潘富恩导读：《二程遗书》，上海古籍出版社，2000 年。

（清）李光地：《周易折中》，九州出版社，2002 年。

（清）朱骏声：《六十四卦经解》，中华书局，1958 年。

李格非主编：《汉语大字典》简编本，湖北辞书出版社，四川辞书出版社，1996 年。

尚秉和：《周易尚氏学》，中华书局，1980 年。

杨万强：《实用六十四卦》，山西人民出版社，1992 年。

黄寿祺、张善文：《周易译注》，上海古籍出版社，2007 年。

高亨：《周易大传今注》，齐鲁书社，2015 年。

金景芳、吕绍刚:《周易全解》,上海古籍出版社,2005年。

刘大钧:《周易概论》,巴蜀书社,2004年。

孙以楷主编:《道家与中国哲学·先秦卷》,人民出版社,2004年。

章伟文:《宋元道教易学初探》,巴蜀书社,2005年。

余敦康:《周易现代解读》,华夏出版社,2006年。

张吉华:《周易守正》,中央广播电视大学出版社,2012年。

周鹏鹏:《易经》,北京联合出版公司,2015年。

雷宝:《周易卦爻辞释义》,社会科学文献出版社,2015年。

温海明主编:《易经明解》,孔学堂书局,2019年。

温海明:《周易明意》,北京大学出版社,2019年。

李尚信:《〈周易〉古经需卦卦爻辞新解》,《周易研究》,2014年第2期。

傅剑平:《〈周易·需卦〉论释》,《华南师范大学学报》,1993年第1期。

郁慧娟:《纣王时期朝廷政治生态——履卦与明夷卦本事考索》,《阴山学刊》,2021年第1期。

后　记

《易经》最初包括《连山》《归藏》和《周易》。《周礼》云："太卜掌三易之法，一曰《连山》，二曰《归藏》，三曰《周易》。"《山海经》云："伏羲氏得河图，夏后因之，曰《连山》；黄帝得河图，商人因之，曰《归藏》；列山氏得河图，周人因之，曰《周易》。"清人顾炎武认为，只有《周易》才叫《易》。学界认为其"周"字含有周代和周普二义。现今流传的《易经》为《周易》。

《周易》的通行本包括《易经》和《易传》两部分。《易经》即六十四卦的卦画与卦爻辞系列，分为三十卦的上经与三十四卦的下经两篇，每一卦有卦名和推断吉凶的卦辞以及相应的卦画符号，每个卦画由或阴或阳的六条爻组成，每条爻系有对应的爻辞。《易传》是指系统地解释《易经》的著作，包括《彖》上下、《象》上下、《系辞》上下、《文言》《说卦》《序卦》以及《杂卦》七种十篇，汉代经师称之为"十翼"。在汉代，解释经典的著作被称为传，故十翼又被称为《易传》。其中《彖》《象》《文言》是逐句对卦辞或爻辞的解释，对我们阅读经文有很大的帮助，所以本书将《彖》《象》《文言》夹在经文中一并做了白话释义。

易学史上有伏羲画卦、文王演易、孔子作传之说，在《汉书·艺文志》中有"人更三圣，世历三古"之言。宋代朱熹认为八卦为伏羲所画，周文王演为重卦并作卦辞，周公旦作爻辞，孔子作传。不过也有人对此说提出质疑，而对于《周易》的形成过程，先有卦画，后有卦辞，再有爻辞，最后有传文，基本没有争议。由于《易经》的内容无所不包，其中词句又晦涩难懂，早在春秋时期的史官就开始从筮法的角度解说《易经》中的卦爻辞，用来说明所占之事的吉凶。到了战国时代，随着哲学流派的形成和百家争鸣的开展，许多学派开始从哲学的角度解释筮法和《易经》的内容及其原理，其中不仅有儒家、阴阳五行家和法家，还有道家的人物。战国时易学的主要特点是以阴阳观念解释《易经》的卦象和爻辞的内容，其观念是由道家倡导起来的，因为儒家的代表人物孔子和孟子都不讲阴阳，儒家的典籍《中庸》也不讲阴阳，只有道家的老、庄做过阴阳的论说。《老子》云："万物负阴而抱阳，冲气以为和。"《庄子》云："《易》以道阴阳。"《易传》中"刚柔""盈虚"等思想也是受到道家的影响。尤其是《系辞》中"太极"一词，在先秦的文献中仅见于《庄子》。（以上内容可见于朱伯崑著的《易学哲学史》）后来兴起的黄老道也成了《易经》的传承者。《史记》中记载的楚人司马季主就是一位"通《易经》，术黄帝、老子"的道家人物。在汉代，《易经》既被儒家尊为"六经之首"，又被道教提炼出了修道理论，享誉万古丹经之王的《参同契》就是一部将《周易》、黄老和炉火三者参合的著作。《后汉书》中载的折像也是一位"能通《京氏易》，好黄老言"的五斗米道徒。魏晋时期的玄学家将《周易》与《老子》《庄子》合称为三玄。金元时期的全真教徒郝大通著的《三教入易论》和《太古集》都是具有道教思想特色的易学著作。纵观历史，我们还会发现很多通《周易》、术黄老、精庄学、研经参玄的道家人士。

《易经》的内容极其丰富，对中国几千年来的政治、经济、文化等各个领域都产生过深远的影响，在中国土生土长的道教，其思想和义理无不与《易经》有着密切的联系。《太上老君开天经》云："伏羲之时，老君下为师，号曰无化子，一名郁华子，教示伏羲，推旧法，演阴阳，正八方，定八卦。"这足以说明《易经》与道教有着内在密切联系。我皈依道教即将三十年，断断续续与《易经》打了二十多年交道，并且在中国道教学院攻读大专和硕士研究生时，《易经》一直被列入必修课程，加之一些意料之外的巧合，使我与《易经》结下了不解之缘。为了探索《易经》的本义，发扬古人皓首穷经的精神，我不揣浅陋，将这些年来学习《易经》六十四卦的心得整理成册，以冀十方同仁予以斧正。

本书的出版有幸获得了中国道教协会李光富会长的肯定与赐序，还得到了中国道教协会的帮助和鼓励、北京白云观管委会的关心和支持、宗教文化出版社的热情帮助，以及易学专家、北京师范大学中国哲学与文化研究所所长章伟文教授的悉心指导和把关，我在此一并谨致谢忱！

邱清辉
二〇二四年农历二月